안정감 수업

習得安全感 MASTERING SENSES OF SECURITY
Copyright © 2024 by 蘇絢慧 Su Shun-Hui
All rights reserved.
Korean edition published in agreement with Ping's Publications, Ltd.
c/o The Grayhawk Agency in association with Danny Hong Agency

이 책의 한국어판 저작권은 대니홍 에이전시를 통한 저작권사와의 독점 계약으로
동양북스에 있습니다. 저작권법에 의해 한국 내에서 보호를 받는 저작물이므로
무단전재와 복제를 금합니다.

안정감 수업

Mastering
senses
of security

쑤쉬안후이 지음 | 김소희 옮김

동양북스

차례

머리말 안정감, 삶을 좌우하는 핵심 요소   **009**

1장 * 당신의 안정감은 안녕합니까?   017

    자료 1   안정감 자가 진단   **025**
    자료 2   조직에서의 안정감 진단   **028**

2장 * 어린 시절 안정된 애착 관계를 맺지 못했다면   031

    손상된 애착 관계와 남겨진 과제   **035**

3장 * 안정감 수준에 따른 두 가지 삶의 노선   045

    안정감을 추구하는 노선   **052**
    성취감을 추구하는 노선   **057**

4장 * 안정감이 삶에 미치는 영향은 어디까지인가   063

    안정감이 결핍되면 일어나는 일들   068

5장 * 위험 회피 vs 기회 추구, 당신의 인생철학은?   079

    상황 1 회사에서 나와 개인 브랜드를 만들 것인가?   087
    상황 2 다시 공부를 시작해 분야를 바꿀 것인가?   092
    상황 3 나와 맞지 않는 사람과의 관계, 완전히 끝낼 것인가?   098

6장 * 사람이 가장 두려운 사람들   105

    관계를 망치는 불안 다스리기 연습   110

7장 * 안정감에 대한 흔한 착각들   135

    이 세상에 '절대적인 안전'이란 없다   139
    누군가를 잃었다는 사실만으로 우리 삶이 끝나지는 않는다   146
    건강한 관계를 원한다면 내 마음의 진짜 동기부터 자각하라   155

8장 * 안정감은 정말 회복될 수 있는가   159

    생애 초기에 만들어진 논리의 오류 바로잡기   163
    회복의 여정을 앞둔 당신에게   172

9장 ✻ 다시 '습득'하는 안정감 　　　　　　　177

　1단계　나에 대한 인식 재정의하기　　　　　　182
　2단계　잘못된 신념 수정하기　　　　　　　　190
　3단계　감정을 달래고 조절하기　　　　　　　201
　4단계　한계를 넘어서는 정신력 기르기　　　　218
　5단계　자존감과 자기 가치감 다지기　　　　　228
　6단계　통제 불가능한 요인 받아들이기　　　　238
　7단계　과거의 상처 의연하게 마주하기　　　　250
　8단계　느리게 반응하고 사고하기　　　　　　259
　9단계　본보기가 될 롤모델 찾기　　　　　　　270
　10단계　나 자신을 인정하는 'I AM'의 힘 믿기　281

맺음말 나를 아끼는 만큼 단단해지는 안정감　　　　291

일러두기
- 국립국어원의 외래어 표기법에 따라 외국 인명, 지명을 표기했습니다.
- 원서에서 굵은 서체로 강조한 부분은 동일하게 반영했습니다.
- 원문의 '安全感'은 저자의 의도를 살려 '안정감'으로 옮겼습니다.

머리말

안정감, 삶을 좌우하는 핵심 요소

내면의 안정감은 우리의 선택과 행동을 좌우하는 핵심적인 요소입니다. 대인 관계를 비롯해 자기 자신을 바라보는 시각과 태도, 삶의 방식에도 영향을 미칩니다.

  내면에 안정감이 단단히 자리 잡고 있어야 자신이 원하는 삶과 이상적인 자기 모습을 만들어 갈 수 있습니다. 이처럼 성장과 자아실현을 향해 두려움 없이 앞으로 나아가기 위해서는 스스로를 믿는 힘이 필요합니다. 어떤 일이 닥쳐와도 해결할 수 있다는 확신이지요. 그러나 어떤 상황에서도 자신을 믿고 나아간다는 것은 결코 쉬운 일이 아닙니다. 삶이라는 여정은 예측할 수 없는 변수와 문제들로 가득하기 때문입니다.

불안을 자주 느끼는 사람은 대개 '통제할 수 없는 것'에 집중하곤 합니다. 주변의 모든 것을 제대로, 그리고 완벽하게 통제하는 것이 무엇보다 중요하기 때문이지요. 하지만 이것은 불가능에 가깝습니다. 자신의 창으로 자신의 방패를 공격하는 모순적인 행위이기도 하지요.

통제의 대상이 자신을 둘러싼 사람과 상황에만 그치지 않습니다. 존재하는 것이든 존재하지 않는 것이든 모두 다 통제하려 하지요. 예측 불가능한 일이 벌어지는 상황을 피하고 싶기 때문입니다. 만에 하나 예상치 못한 일이 생기면 얼마나 허둥대고 당황할지, 얼마나 끔찍한 결과로 이어질지 무척이나 두려워합니다. 마치 세상이 끝장나 버리기라도 할 것처럼 머릿속에서는 온갖 재난의 시나리오가 펼쳐지죠.

이것은 신경 회로가 자동으로 작동되면서 나타나는 현상입니다. 오랜 습관과 관성으로 뇌가 스스로를 공격하고 갉아먹는 말을 반복적으로 내뱉고 있는 상태지요. 그 말들은 진짜처럼 들리겠지만 대부분은 객관적인 사실이 아닐 때가 많습니다. 오히려 신경증적 성향을 강화시켜 과도한 걱정과 불안에 빠지게 만듭니다. 그 결과, 자신의 상황 대처 능력과 문제 해결 능력을 믿지 못하게 되면서 결단력을 잃어버립니다. 동시에 자존감이 낮아지면서 더 쉽게 긴장하고 불안해지죠. 악순환이 거듭되는 겁니다.

    삶은 '끊임없는 변화'에 대처해 나가는 과정입니다. 평온해 보이는 일상 곳곳에도 온갖 변화가 일어나고 있습니다. 외부 세계는 우리가 예상하지도, 상상하지도 못한 방식으로 계속 모습을 바꾸어 가고요. 지진, 홍수, 산사태 같은 천재지변뿐만 아니라 인간의 부주의로 인한 인재 역시 완벽하게 피하기란 어렵습니다. 그러나 모든 것을 완벽하게 통제하려는 사람은 변화무쌍한 이 세상이 본질적으로 통제 불가능하다는 '사실'을 언제나 외면합니다. 통제하려 할수록 뜻대로 되는 일은 없고, 뜻대로 되는 일이 없을수록 더욱 속수무책이 된다는 그 사실을 말이지요.

    특히 '사람'은 다양한 모습을 지닌 존재입니다. 타인을 통제하는 것으로 안정감을 얻으려 할수록 관계는 꼬일 수밖에 없습니다. 그러므로 우리는 삶에서 일어나는 변화무쌍한 일들에 통제로 직면할 것이 아니라 유연하게 대처하는 능력을 키워야 합니다. 이는 곧 회복 탄력성을 기르는 과정이기도 합니다.

    세상의 변화에 오로지 '통제라는 수단'으로 맞서려는 사람은 자신을 비롯해 타인, 그리고 세상을 생명이 없는 대상으로 바라봅니다. 물건을 원하는 곳에다 멋대로 옮기듯 자신이 마땅하다고 여기는 방향으로 마음대로 배치하면 그만이라는 생각이지요. 바로 이러한 사고방식이 타인과 어울리고 협력하는 데에 어려움을 만듭니다. 자신이 지시하면 모두가 따라야 한다고 믿기 때문에 누군가는 다르게 행동할 수 있다는 것, 그리고 자신이 당연하다고 믿는 것이 누군가에게는 당연하지 않을 수 있다는 사실을 이해하지 못합니다. 그런 상황을 맞닥뜨리면, 통제감을 잃어버리면서 당황하고 불안해하거나 초조해합니다. 게다가 좌절감이 몰려오면서 분노와 공격 심리*를 느끼고 상대가 만든 잘못을 없애려 하지요.

이 책에서 말하는 안정감이란 우리가 어린 시절에 꿈꾸던 종류의 안정감과는 다릅니다. 어릴 때는 누군가가 언제나 우리 옆에 있어 주며, 안전하게 보살펴 주는 것을 안정감으로 여겼습니다. 또는 『성경』속 에덴동산처럼 편안한 신의 정원 안에서 그저 '착하게' '말 잘 듣고' '순종'하기만 하면 그 어떤 고난도 없을 거라고 믿었지요.
하지만 이것은 '안정감'이 아닙니다. 그저 순진한 기대일 뿐입니

- 1939년, 존 돌러드(John Dollard) 등이 제시한 좌절-공격 가설. 개인이 달성하고자 했던 목표가 방해받을 때, 공격성이 자극되어 공격적인 행동을 보인다. 일반적으로 공격적인 행동은 좌절감을 유발한 사람이나 사물을 대상으로 나타난다.

다. 진정한 '안정감'은 단순히 편안하고 안전한 상태를 갈망하는 심리적 욕구가 아닙니다. 인간의 정서와 인지 및 행동에 영향을 미치는 다층적인 개념입니다. 안정감은 나와 주변 환경, 타인과의 관계가 안정적이고 예측 가능하다는 믿음에서 비롯됩니다. 더 나아가 자신의 의견을 자유롭게 표현하면서도 부정적인 결과를 두려워하지 않아도 될 때, 대인 관계에서의 안정감이 만들어집니다. 조직에서도 안정감이 있어야 개방적인 의사소통과 창의적인 혁신, 위험을 기꺼이 감수하는 시도가 가능합니다.

안정감이 인생에 미치는 영향은 매우 중요합니다. 그러나 자기 암시만으로 안정감이 회복되는 것은 아니기 때문에 의식적인 노력이 반드시 필요합니다. 또한 자신을 괴롭히는 과거의 '정서적 트라우마'와 '삶의 급작스러운 변화'가 가져온 부정적인 영향을 새롭게 해석하고 바로잡아야만 내면의 안정감을 다시 세울 수 있으며, 타인과의 관계에서도 안정감을 느낄 수 있습니다.

평소 자신의 안정감이 어떤 상태인지 궁금했거나 취약한 안정감 때문에 고민인 분들에게 실질적인 도움을 주고자 이 책을 썼습니다. 책을 읽으며 자기 자신과 대화하고, 삶에 적용해 보면서 문제를 달리 바라보고 해석하는 기회를 가지면 좋겠습니다. 책의 메시지를 어떤 방식으로 활용하든 괜찮습니다. 자신의 내면을 더 깊이 이해하고, 외부와의 관계를 더 명확하게 알아차리기를, 안정감을 알아 가는 과정 끝에는 진정으로 자유롭고 편안한 행복을 만날 수 있기를 바랍니다.

내면의 안정감이 가진 힘을 느끼면서 더 넓은 세상 속으로 자신을 허락해 주세요. 과거의 한계를 넘어 다양한 기회로 가득한 이 세상을 온전히 누릴 수 있기를 진심으로 바랍니다.

내면에 안정감이 단단히 자리 잡고 있어야
자신이 원하는 삶과
이상적인 자기 모습을 만들어 갈 수 있습니다.

1장

당신의 안정감은 안녕합니까?

상담 심리사로 일하면서 만난 내담자, 심리 수업을 듣는 수강생, 그리고 대중 강연에서 마주한 질문자들 중에는 스스로를 '안정감이 매우 부족한 사람'이라고 이야기하는 이들이 많았습니다. 안정감이라는 주제를 언급하기도 전에 많은 이들이 '안정감'을 화두로 꺼냅니다. 그 이유는 무엇일까요? 그들은 안정감이 부족하다는 사실을 어떻게 깨달은 걸까요? 그리고 안정감이란 어떻게 경험되고 작동되었을 때 비로소 '나는 안정감이 있다'라고 말할 수 있는 걸까요? 이 질문들은 저에게 아주 큰 영감을 주었고, 안정감에 깊은 관심을 갖게 되었습니다.

안정감이란 주관적으로 판단할 수 있는 것일까요? 아니면 객관적인 근거가 필요한 걸까요? 우리 사회를 보면 모순적인 현상이 발견됩니다. 사람들이 안정감을 매우 혼란스러운 것으로 인식해 인지와 행동이 뒤죽박죽되어 버리는 경우가 많은 것이죠. 예를 들면, 우리는 정치적으로 위험한 상황에는 별다른 불안을 느끼지 않으면서도 가까운 사람이 기분 나빠하는 모습에는 극도로 불안해합니다. 일에서는 성공을 거두고 승승장구하면서도 부모님이나 어른들의 잔소리에는 무척이나 초조해하기도 합니다. 또한 남들 눈에는 강하고 유능하며 똑똑해 보이는 사람도 내면 깊은 곳에서는 사랑받지 못할까 봐, 도태될까 봐, 그리고 인간관계에서 소외당할까 봐 몹시 두려워하기도 하지요.

인간의 심리적인 욕구라는 관점에서 바라보면, '안정감'은 '자존감'과 마찬가지로 내면의 핵심이자 개인 성장의 토대입니다. 없어서는 안 될 아주 중요한 자원이지요. 그러나 안정감은 눈에 보이지도, 손에 잡히지도 않습니다. 안정감을 가지려면 어떻게 해야 하는지 정확히 파악하기도 어렵습니다. 오히려 명확하게 설명이 되지 않는 불안한 감정에 휘둘리고 끌려다닐 때가 많지요.

안정감이라는 개념은 포유류의 본능적인 생존 메커니즘으로 거슬러 올라갑니다. 모든 동물은 자신이 처한 환경이 안전한지, 생명의 위협은 없는지 끊임없이 탐지하며 생존해 왔습니다. 따라서 우리에게는 기본적으로 **공포**라는 감정이 내재되어 있습니다. 이 감정은 환경이 위험하지 않은지 의심하게 하고, 다가오는 상대가 적대적인 존재는 아닌지 알아내도록 돕습니다. 또한 냄새를 맡거나 주위를 맴돌거나 소리를 들어 보는 등의 행동을 통해 공격할 것인지 아니면 도망칠 것인지 결정할 수 있도록 하지요. 이는 외부로부터 위협을 받을 때, 오래 생각할 시간이 없는 상황에서 순간적인 스트레스가 정서적으로 에너지를 일으켜 본능적인 반응으로 나오는 것입니다. 그리고 이때 반응은 '충동'의 형태로 터져 나오지요. 이는 우리가 생존할 수 있도록 설계된 원시적 메커니즘, 즉 '안정감을 얻기 위한 반응'입니다.

우리는 살아가면서 부정적인 경험을 수없이 쌓아 갑니다. 가정폭력이나 학대, 실패로 인한 좌절, 예기치 못한 이별 등 매우 다양하지요. 이러한 경험들은 원래 우리의 생존을 위해 내재되어 있던 탐지 능력을 과민하게 변화시키면서 우리를 극도로 예민하고 불안한 상태로 만듭니다. 또한 수시로 행동을 제약하거나 자신을 한계에 가두게 만들면서 평범한 일상조차 버거워 꼼짝도 할 수 없는 상황에 이르기도 하지요.

안정감의 형성에는 주관적인 요인과 객관적인 요인이 있습니다. 하지만 어떤 요인이든 개인이 대상이나 상황을 어떻게 인지하고 해석하는지, 정서적으로 어떤 경험을 해 왔는지와 깊이 연결됩니다. 예를 들어 어떤 사람은 뱀을 무척이나 무서워하지만, 어떤 사람은 거리낌 없이 손으로 만지기도 합니다. 또 어떤 사람은 롤러코스터나 번지 점프처럼 자극적인 활동을 즐기지만, 어떤 사람은 높은 곳에 올라가는 것 자체를 거부하기도 합니다. 이처럼 안정감은 주관적인 판단과 정서적 경험에 따라 개인 간 차이를 보입니다.

안정감은 포유류에게 매우 중요한 감각이자 기본적인 욕구입니다. 생존과 직결될 뿐만 아니라 삶의 경험을 확장해 나가는 데에도 영향을 미치지요. 일단 포유류가 생존하고 번성하기 위해서는 안전을 확보하는 일이 무엇보다 중요합니다. 그래서 우리의 뇌에는 환경이 안전한지를 수시로 탐지하는 감정 중추, 즉 감정의 뇌가 존재합니다. 이 감정의 뇌는 우리가 잘 알고 있는 '공포'라는 감정을 생성하고 저장하며, 신경 회로를 통해 치명적일 수 있는 위협을 감지하고 반응할 수 있도록 돕지요. 이 시스템 덕분에 우리는 더 신중하게 행동할 수 있고 생명을 지킬 수 있는 것입니다.

신경 회로가 위협이나 위험을 감지하면, 그 즉시 불안과 초조 같은 강한 스트레스 반응이 일어나면서 곧이어 생존 메커니즘이 빠르게 작동됩니다. 이때 우리는 두 가지 선택지 앞에 서게 되지요. 정면으로 맞서 싸우는 투쟁 전략을 취할 것인가? 아니면 최대한 빨리 도망치는 도피 전략을 취할 것인가? 만약 너무 큰 충격을 받으면, 몸과 마음이 얼어붙고 인지 기능이 멈춰 버리며 행동력을 상실하게 됩니다. 극심한 스트레스로 인해 내면의 작동 시스템이 무너져 내리기도 하지요.

 안정감은 의심할 여지 없이 모든 생명체에게 필수적인 요소입니다. 그러나 역설적이게도 생존의 먹이 사슬 속에서 생물은 다른 생물을 잡아먹는 동시에 자신도 다른 생물에게 잡아먹힙니다. 즉, 현실에서는 그 어떤 생명체도 완벽하게 '안전'할 수 없으며, 평생 위협과 두려움 없이 살아갈 수는 없다는 뜻이지요.
 어디 그뿐인가요? 자연에는 천재지변이 존재합니다. 그 누구도 기후 변화나 공기 오염 같은 위험에서 벗어날 수 없습니다. 인간이 아무리 환경을 통제하려고 애써도 피할 수 없는 돌발 상황들은 여전히 존재합니다. 그럼에도 모든 것을 통제하려 하거나, 자신이 통제할 수 있다고 믿는 것들을 억지로 조정하려 하면 더 큰 고통을 초래할 뿐입니다. 심지어 삶의 에너지가 일찌감치 소진되어 활력을 완전히 잃어버리는 일도 벌어지지요. 모든 걸 통제해 안정감을 얻으려는 사람일수록 실제로는 매 순간 불안감에 시달리는 모순적인 상황이 발생하는 것입니다.

불안감에 사로잡혀 안정감을 경험하지 못하는 삶을 살 건가요? 아니면 불안이 우리의 일부임을 깨닫고 받아들이되, 최대한 많은 순간 안정감을 경험하며 삶의 자유와 기쁨을 누릴 건가요? 무엇을 선택할지는 우리에게 달려 있습니다.

삶의 궁극적인 목표는 점점 더 많은 풍요와 행복을 느끼고, 인생의 마지막 순간이 왔을 때 원만한 삶이었음을 깨닫는 것입니다. 불안이 우리 존재의 일부임을 인정하고 내면의 안정감과 연결될 수 있도록 노력하는 것, 심리 전문가로서 마음을 다해 추천하고 싶은 삶의 모습입니다.

자료 1
안정감 자가 진단

안정감 척도 검사표

'안정감 척도 검사표Security Questionnaire, SQ'는 베이징대 정신건강 연구소의 총중(叢中)과 허베이 사범대 교육과학원 심리학과의 안 리쥐안(安莉娟)이 2003년에 만들었다. 검사표는 총 16개 문항으로 구성되었으며, 두 가지 요인으로 나뉜다. 첫 번째 요인인 '대인 관계 안정감'은 8개 문항으로, 주로 대인 관계에서 경험하는 안정감을 측정한다. 두 번째 요인인 '확신과 통제감' 역시 8개 문항으로,

---

• 참고 문헌: Zhong, C., & Lijuan, A. (2004). Developing of Security Questionnaire and its Reliability and Validity. *Chinese Mental Health Journal*.

주로 삶에 대한 예측과 확신, 통제감을 반영한다. 척도는 '매우 그렇다'부터 '전혀 그렇지 않다'까지이며, 각각 1~5점을 부여한다.

평소 자신의 느낌이나 행동과 얼마나 일치하는지 판단하여, 해당하는 숫자를 각 문항 앞에 적는다. 정답이나 오답은 없으므로 너무 깊이 고민하기보다 평소 느끼는 대로 솔직하게 답하도록 한다.

총점이 높을수록 안정감이 높은 것으로 해석할 수 있으며, 스스로의 심리적 안정감을 측정하는 기초 자료로 활용해 보자.

매우 그렇다	대체로 그렇다	보통이다	대체로 그렇지 않다	전혀 그렇지 않다
1	2	3	4	5

내 의견을 먼저 나서서 말하지 못한다.
삶은 언제나 불확실하고 예측 불가능하다고 생각한다.
내 바람이나 요구를 쉽게 포기하는 편이다.
불행한 일이 생길까 봐 늘 걱정스럽다.
친구의 부탁을 거절하기 어렵다.
불쾌한 일이 생기면 혼자 삭이거나 운다.
나는 운이 없는 사람이라고 생각한다.
사람들은 나를 부끄러움 많고 소극적인 사람이라고 말한다.

친구 관계가 나빠지지 않을까 늘 걱정스럽다.

상사를 존경하지만 가까이하지는 않는다.

내 생각이나 감정을 통제하지 못하는 상황이 올까 봐 종종 걱정스럽다.

어떤 일이든 남에게 부탁하지 않는다.

내 삶이 엉망진창이 될까 봐 늘 걱정스럽다.

내 삶에 갑작스러운 위험이 닥치면, 대응하고 처리할 힘이 없다.

타인과 친밀한 관계를 맺고 유지하는 것이 두렵다.

타인이 뭐라고 하든 나는 쓸모없는 사람이라고 느낀다.

자료 2
조직에서의 안정감 진단

심리적 안정감 척도*

세계적으로 알려진 '심리적 안정감 척도Psychological Safety Scale'는 조직 차원에서 활용된다. 다음 문항은 에이미 C. 에드먼슨Amy C. Edmondson 박사의 초기 연구에서 비롯되었으며, 원문은 웹사이트**에서 확인 가능하다. 총점이 높을수록 조직에서의 심리적 안정감이 높다고 할 수 있다.

- * 참고 문헌: Edmondson, A. (1999). Psychological Safety and Learning Behavior in Work Teams. *Administrative Science Quarterly*, 44(2), 350-383.
- ** https://psychsafety.com/measure-psychological-safety

전혀 동의하지 않는다	동의하지 않는다	보통이다	동의한다	매우 동의한다
1	2	3	4	5

어려운 문제가 있을 때, 동료들과 자유롭게 의논할 수 있다.	제1영역 개인의 안정감
실수나 잘못을 인정해도 보복이나 비난을 받지 않는다.	
동료에게 도움을 요청하는 것이 어렵지 않다.	
완벽한 상태가 아니어도 아이디어를 제안할 수 있다.	
동료들은 자신과 다른 사람들을 잘 받아들인다.	제2영역 조직 내 존중
동료들은 새로운 아이디어를 환영하며, 기꺼이 시간과 관심을 쏟는다.	
동료들은 누군가가 기여한 가치를 인정하며 존중한다.	
실수를 논의하고 개선하며, 서로에게서 그 방법을 배운다.	제3영역 조직 내 학습
조직의 업무 프로세스를 개선할 방법을 찾는 데 시간을 투자한다.	
조직의 계획이나 의사 결정에 대한 우려를 자유롭게 제기할 수 있다.	
논의의 전제를 의심하고, 반론의 가능성도 찾아보려 노력한다.	

'안정감'과 '자존감'은 내면의 핵심이자
개인 성장의 토대입니다.

2장

어린 시절
안정된 애착 관계를
맺지 못했다면

심리학에서 안정감은 일반적으로 '안정형 애착'이라는 정서적인 연결과 관련이 있습니다. 안정감을 가진 사람은 자기 자신과 주변 환경을 신뢰하며, 자신감 있고 편안한 모습을 보이지요. 사회학과 교육학에서 안정감은 개인이 사회로부터 얼마나 지지를 받는지, 필요한 자원을 얼마나 충분히 얻을 수 있는지와 관련되기도 합니다. 예를 들어 가족, 친구, 지역 사회 또는 학교에서의 지지와 신뢰도 같은 것들이지요. 기업 같은 조직에서 **심리적 안정감**은 자유로운 의사 소통과 긴밀한 팀워크, 학습 문화 등으로 나타납니다. 이러한 이유로 다양한 분야에서 심리적 안정감의 영향에 관심을 보이기 시작했습니다.

심리적 안정감이 이론적으로 어떻게 발전해 왔는지 살펴보면, 대개 '애착 이론'으로 거슬러 올라갑니다. 이 이론에 따르면, 출생 후 어머니나 주 양육자와 맺은 정서적 관계의 질에 따라 생애 초기의 안정감이 형성된다고 하지요.

그렇다면 왜 애착 관계를 안정감의 기초라고 하는 걸까요? 모든 포유류는 태어나기 전부터 이미 어머니와 신체적·정신적으로 연결되어 있기 때문입니다. 출생 전에는 어머니의 몸을 통해 영양을 공급받으며 안전을 확보하고, 출생 후에는 어머니의 존재를 느끼거나 경험하는 과정에서 안정감을 느끼기 시작합니다. 부모가 세심하고 지혜로우며 안정적인 보살핌을 제공할 때, 아이는 신체적·정서적인 발달 욕구를 마음껏 채울 수 있지요. 그리고 점차 안정감에 대한 인지적인 신념과 대인 관계 패턴을 형성하며, '나라는 존재가 이 세상에서 안전하게 성장하고 존재할 수 있는가'에 대한 답을 찾게 됩니다.

손상된 애착 관계와 남겨진 과제

안정감은 생리적인 안정감만을 의미하지 않습니다. 굶지 않는다거나 성장에 유리한 환경에 놓이는 것만으로는 부족하지요. 생리적 안정감 못지않게 심리적 안정감도 중요합니다. 심리적 안정감이 있어야 세상이 일정한 규칙에 따라 움직인다는 것을 믿을 수 있고, 관찰과 모방으로 규칙을 터득하고 나면 경험을 통해 세상의 작동 방식을 예측할 수 있게 됩니다. 이 과정에서 우리는 세상을 신뢰하고, 자신과 타인을 이해하게 되며, 궁극적으로는 타인과 상호 작용할 수 있는 자신감과 능력을 갖게 되지요.

심리학자 존 볼비John Bowlby가 제시한 애착 이론은, 아기와 주

양육자 사이의 관계가 영유아기부터 성인기에 이르기까지 인간의 발달에 어떤 영향을 미치는지를 연구한 결과입니다. 이 이론에 따르면, 안정감은 어린 시절 양육자와 안정된 애착 관계를 형성하면서 만들어집니다. 아기가 양육자를 신뢰할 수 있는 대상, 자신의 욕구를 일관되게 충족시켜 주는 대상으로 인식하면, 안정감이 형성되기 시작하지요. 이 감정은 성장기 내내 지속되면서 안정적인 자아 개념과 신뢰를 바탕으로 건강한 인간관계(주체-객체 관계)를 만드는 데에 영향을 줍니다.

그러나 가족처럼 정서적으로 중요한 관계에서 감정의 결핍이나 단절과 같은 트라우마를 겪으면 정신 건강에 부정적인 영향을 입습니다. 애착 이론에 따르면, 인간의 성장과 발달에 안정적인 애착 관계가 필수적인 요소이기 때문에 어린 시절에 애착 관계가 손상되면, 장기적인 후유증을 낳기도 합니다. 특히 훗날 연인이나 친구, 부모-자녀 관계에 심각한 영향을 끼칠 수 있죠. 구체적으로는 '관계 속에서의 안정감'과 '사랑에 대한 인식'을 형성해 나가는 데에 커다란 영향을 미칩니다.

애착 관계의 손상이 미치는 단기적인 영향은 다음과 같습니다.

- **감정적 반응**: 초기에는 주로 긴장, 불안, 초조, 슬픔, 혼란과 같은 반응

이 나타난다. 특히 관계가 갑작스럽게 단절되었을 때는 이러한 감정적 반응이 더욱 강렬하게 나타날 수 있다.

- **거부 반응(부정과 부인)**: 상실이나 분리와 같은 상황을 경험하면, 강한 부정의 단계를 거치면서 관계가 끝났다는 사실을 받아들이지 못한다. 이는 초기의 감정적 충격을 완화하기 위한 일종의 자기방어 기제다.
- **생리적 영향**: 애착 불안정으로 극심한 스트레스를 받으면 수면 장애, 식욕 부진 또는 과식, 심박수 증가, 무기력, 두통, 소화 불량 등 생리적인 증상으로 이어진다.

장기적으로는 그 영향력의 범위가 더욱 확대됩니다.

- **자아 개념의 변화**: 애착 관계가 손상되면 자아 정체성과 자존감에 영향을 미칠 수 있다. 특히, 자아 감각을 만드는 데에 중요한 의미를 갖는 관계일수록 그 영향력은 더욱 커진다. 예를 들어, 아이는 부모와의 관계에서 자신이 사랑받고 보호받고 있는지 확인하고 싶어 한다. 그러나 배신, 방치, 무시, 학대와 같은 경험을 하게 되면, 자아 개념 역시 손상되고 자기 가치감과 자존감이 낮아지면서 결국 열등감과 수치심을 피할 수 없게 된다.

- **신뢰의 파괴**: 애착 관계의 손상은 신뢰 문제로 이어져 훗날 관계를 맺고 이어 가는 데 어려움을 겪게 될 수 있다. 가령 과도한 의존으로 상대를 통제하려 하거나 지나치게 거리를 두는 방식으로 관계의 단절을 초래하는 등 극단적인 형태로 나타나기도 한다.
- **사회적·정서적 장애**: 감정적 고통이 지속되면 위축되거나 사회적으로 고립되기도 하며, 우울과 불안의 위험이 커진다. 또한 건강하지 않은 관계를 반복하면서도 이를 인식하지 못하거나 벗어나지 못하는 문제에 빠질 수 있다. 예를 들면, 자기 자신을 위험한 상황에 두기도 하고, 자신을 폄하하거나 상처 주는 사람들과 어울리면서 해로운 관계를 끊어 내지 못한다.

인간에게는 기본적으로 사랑받고자 하는 심리적 욕구가 있습니다. 그러나 어린 시절, 중요한 관계 속에서 자신의 존재가 중요하게 여겨지고, 보호받으며, 존중받는다는 느낌을 받지 못하면 자기 자신에 대한 인식과 감정에 직접적인 손상을 입게 되지요. 또한 자신이 받았던 대우와 평가를 내면화하면서 자존감에 상처를 입고 자기 가치감이 낮아집니다.

자존감과 자아 개념이 손상되었다고 해서 사랑에 대한 갈망까지 포기하게 된다는 뜻은 아닙니다. 그들은 여전히 사랑받고 보호받기를 강하게 갈망하면서 어릴 적에 경험한 결핍과 상실을 보상받고자 합니다. 그래서 '**어린 시절 가정에서 겪은 상처는 부모를 향한 사랑은 멈추지 못하나 자기 자신을 향한 사랑을 멈추게 한다**'라는 말이 생겨나기도 했지요.

애착 관계에 상처를 입은 아이는 이후 비슷한 관계를 반복하거나 그대로 재현합니다. 자신을 과소평가하거나 비하하고, 타인을 신뢰하지 못하다가도 지나치게 의존하는 등 혼란과 갈등을 겪지요. 이는 내면 깊은 곳에서 사랑받고 보호받기를 간절히 원하기 때문입니다. 누군가에게 의지하고 싶고, 관심받고 싶은 욕구가 충족되기를 바라기 때문입니다. 그러나 상처받은 내면은 관계에서 실망과 상실감을 자주 느끼게 만들지요. 툭하면 감정이 격해지고, 금방이라도 무너질 것 같은 기분에 휩싸이기도 합니다. 그 결과, 상대방에게 더 쉽게 불만을 느끼고 상대를 원망하면서 또다시 상처와 좌절을 반복하게 됩니다.

애착 관계는 보통 생애 초기(일반적으로 생애 첫 5년) 동안 중요한 타인과 나누는 상호 작용 방식과 정서적 연결 패턴에 따라 유형이 나뉩니다. 이 애착 유형은 초기 부모-자녀 관계 연구에서 제시되었으며, 이후 성인 간의 친밀한 관계를 예측하고 분석하는 데에도 쓰이고 있습니다. 주요 애착 유형은 다음과 같습니다.

- **안정형 애착**: 이 유형의 사람들은 관계 속에서 신체적·정서적으로 안전함을 느끼며, 자신이 타인에게 지지받고 있다고 여긴다. 또한 타인에게 편안하게 의지한다. 이들은 감정을 효과적으로 표현하며, 가까운 사람들의 정서적인 요구에도 적절히 반응한다. 예를 들면, 사랑과 관심을 부담스럽지 않게 표현한다거나 지지와 위로가 필요할 때는 자연스럽게 도움을 청하며, 자신의 취약한 면을 드러내는 것에 어려움이 없고, 타인의 감정을 돌보는 것에도 부담을 느끼지 않는다.

- **불안형 애착**: 이 유형의 사람들은 타인과 상호 작용할 때 불안감을 자주 느끼고, 버려질까 봐 혹은 사랑받지 못할까 봐 걱정한다. 과도하게 관심을 요구하거나 퇴행적인 의존 행동을 보이며, 자율성과 독립성을 잃어버리기도 한다. 또한 관계를 유지하기 위해 일부러 약한 모습을 보이고, 상대를 잃었을 때 느끼게 될 극도의 고통과 무력함이 두려워 상대를 더욱 감시하거나 의심하기도 한다. 어떤 측면에서 보면, 이것은 초기 애착 관계에서 경험한 정서적 트라우마에서 비롯된 것이다. 손상된 자아와 자아 개념이 외부의 현실까지 왜곡시켜 관계의 집착으로 이어진 것이다. 이들은 관계를 이해하는 데 있어 객관성과

유연성이 부족한 경향이 있고, 타인의 입장에서 생각하거나 공감하는 능력 또한 제한적이기 때문에 자신의 고정된 생각에 갇혀 부정적인 인식과 판단을 하게 된다.

- **회피형 애착**: 이 유형의 사람들은 친밀한 관계를 피하고, 감정 표현을 꺼리는 경향이 있다. 타인에게 의지하는 것을 나약하고 바람직하지 않은 행동이라고 여기기 때문에 스스로를 가두고, 냉담하거나 무심한 모습을 보이기도 한다. 그러나 사실은 감정을 주고받는 것이 부담스럽고 정서적 고통이 뒤따를지 모른다는 두려움 때문에 관계를 회피하는 것이다. 비교적 드문 유형이지만, 최근에는 중요하고 친밀한 관계를 거부하는 사람들이 점점 늘어나고 있다. 이들은 이러한 관계를 갈망하면서도 누군가에게 감정적으로 의지하거나 혹은 누군가가 자신에게 의지하는 상황이 두렵다.

불안형과 회피형 애착 유형의 사람들(혹은 두 가지가 혼재된 혼란형 애착을 가진 사람들)은 심리적 불안감을 더욱 쉽게 경험합니다. 두려움과 불안이 모든 관계로 확산되기 때문에 긍정적이고 안정적인 관계를 맺기가 어렵습니다. 불안정한 관계는 틀어지거나 단절되고, 극단적인 결말로 이어지기 쉽지요. 더 나아가서는 서로 다른 관계에서도 동일한 정서적 트라우마를 반복해서 겪기도 합니다.

성인 애착 관계를 다룬 연구에 따르면, 애착 유형은 시간이 흐르고 경험이 쌓이면서 변하기도 하지만, 일반적으로는 일정한 지속성을 띠는 경향이 있습니다. 인지(생각)와 행동을 바로잡기 위해 스스로 노력하지 않는다면, 평생 특정한 애착 유형을 반복하며 살아갈 가능성이 크지요. 반면, 애착 관계 회복을 위해 의식적으로 노력한다면, 애착 유형을 변화시킬 수 있다고 보는 연구도 있습니다. 이때는 '자기 성숙도'가 핵심적인 역할을 하며, 의식적인 연습을 지속한다면 평균적으로 4~7년 내에는 눈에 띄는 회복 효과를 기대할 수 있습니다.

스스로 치유하고 배우는 과정을 통해 성인도 관계에 대한 인식을 얼마든지 바꿀 수 있습니다. 이 과정을 밟는 동안 우리는 인생을 새롭게 다져 나갈 희망을 얻게 될 것입니다.

어린 시절 가정에서 겪은 상처는
부모를 향한 사랑은 멈추지 못하나
자기 자신을 향한 사랑을 멈추게 한다.

3장

안정감 수준에 따른
두 가지 삶의 노선

심리학자 에이브러햄 매슬로Abraham Maslow가 주장한 욕구 단계 이론은 인간의 욕구를 중요성과 우선순위에 따라 나눈 것입니다. 가장 기본이 되는 생리적 욕구부터 최상위 단계인 자아실현의 욕구까지 다섯 단계가 있으며 이후 자기 초월의 욕구를 추가했습니다.

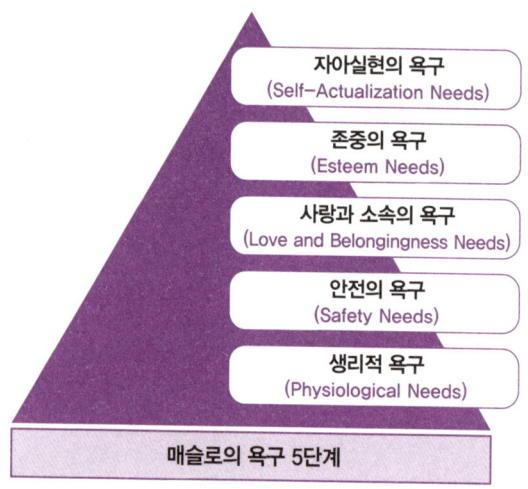

안전 욕구는 두 번째 단계에 위치하는 것으로, 가장 기본이 되는 생리적 욕구의 바로 다음 단계입니다. 여기에는 위험으로부터 보호받고 안정적인 환경에서 지내고자 하는 욕구가 포함되지요. 안전 욕구의 범주는 다음과 같습니다.

- **물리적 안전**: 신체적인 안전을 의미한다. 예를 들면, 안전하고 튼튼한 주거 공간을 비롯해 폭력과 위협이 없는 안전한 지역 사회와 환경 등을 말한다.
- **경제적 안전**: 예상치 못한 삶의 어려움이 닥쳤을 때 이에 대처할 수 있는 안정적인 수입원과 충분한 자원을 의미한다. 예를 들어, 저축과

보험 등이 포함된다.
- **건강의 안전**: 개인의 건강 상태가 보장되는 것을 의미한다. 필수적인 의료 서비스와 영양가 있는 음식, 전염병의 위험이 적은 위생적인 환경 또한 해당된다.
- **고용의 안전**: 직업 안정성은 일자리의 안정성과 직업 전망의 예측 가능성에서 비롯되는 것으로, 직업 안정성이 있으면 미래를 계획하고 삶의 통제감을 느낄 수 있다.
- **사회 환경의 안전**: 안정적이고 예측 가능한 환경 속에서 정치적 혼란 같은 급격한 변화에 대한 불안 없이 살아가는 것을 의미한다.
- **심리적 측면의 안전**: 정서적인 안정감을 의미한다. 예를 들면, 신뢰나 유대감, 타인에게 수용받는 느낌 등이다. 이러한 욕구가 충족되면, 내면의 평온과 안정감을 느낄 수 있고 건강한 대인 관계와 자아 정체성을 만들어 가는 데에 도움이 된다.

안전 욕구는 정부가 관심을 갖고 보장해야 하는 것이기도 합니다. 사회의 안정성이 낮아져 기아나 빈곤, 폭력, 실업, 질병 등이 심각해지고 주거 환경이 불안정해지면 이는 심각한 국가 안보의 문제로 이어지고 사회를 혼란스럽게 만드는 요인이 될 테니까요.

만약 개인의 안전 욕구가 충족되지 않는다면, 어떤 일이 벌어질까요? 일시적인 불안이나 공포 혹은 다양한 형태의 정서적 어려움을 겪을 가능성이 커집니다. 불안감이 지속되면, 우울증이나 불안장애, 위축 행동, 과도한 의존 같은 심리적인 문제들이 나타나기도 합니다. 안정감과 정신 건강은 아주 밀접하게 연관되어 있기 때문이지요.

매슬로의 이론에 따르면, 생리적 욕구나 안전 욕구처럼 낮은 단계의 욕구가 충분히 충족되어야만, 더 높은 단계의 욕구를 추구할 수 있습니다. 개인의 성장과 정신 건강에 안전 욕구가 기초 역할을 한다는 점을 강조한 것이지요. 다시 말해서 생리적 욕구와 안전 욕구가 충족되지 않으면, 성장에 필요한 다른 욕구들을 추구하기가 매우 어려워집니다. 이를테면, 사랑과 소속의 욕구, 존중의 욕구(자존감과 타인으로부터의 존중) 및 자아실현의 욕구를 탐색하면서 자신의 잠재력과 목표를 실현할 수가 없게 되지요.

이 이론의 관점을 바탕으로 저는 인생의 경로를 두 가지 노선으로 나눠 보았습니다. 하나는 **안정감을 추구하는 노선**, 다른 하나는 **성취감을 추구하는 노선**입니다. 두 노선은 안전 욕구 이하의 단계에 초점을 두고 사느냐, 아니면 안전 욕구보다 더 높은 단계에 초점을 두고 사느냐에 따른 것입니다. 전자는 하루하루 살아남느라 불안하고 초조하게 만들지만, 후자는 진정으로 자신이 원하는 삶을 창조하고 잠재력을 실현해 나갈 기회를 줍니다.

　앞으로 더 상세하게 이야기하겠지만, 이 두 가지 삶의 방식은 자신의 '안정감' 수준과 이해도에 따라 결정됩니다.

안정감을
추구하는 노선

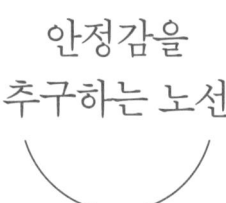

 안정감 추구 노선의 사람들은 평생 생존을 위해 싸우고 불안해하며 살아갈 가능성이 큽니다. 이는 대개 가정의 경제적 어려움이나 여러 자원의 부족에서 비롯되지요. 성인이 되어 어린 시절의 가난을 벗어난다 해도 그때의 경험은 쉽게 사라지지 않습니다. 특히 모욕, 무시처럼 정서적인 상처를 동반한 경험은 인지 신념 깊숙이 똬리를 틀기 때문에 마치 나무뿌리에 스며든 병균처럼 완전한 치료가 어렵지요.

 과거에 가난이나 상실 등을 경험해 감정적 상처(정서에 인지가 더해진 상처)가 쌓이면, 강한 '결핍감'이 생깁니다. 이 결핍감은 살아가는 내내 소유와 만족을 끝없이 추구하게 만들지만 진정한 만족은 얻지 못합니다.

결핍감은 단순히 물질적인 부분에만 국한되지 않고 정서적인 부분에서도 나타날 수 있습니다. 한 아이가 살아가고 성장하는 데에는 물질적 요소뿐만 아니라 심리적 요소와 사회적 요소 역시 필요하지요. 인간은 통합된 존재인지라 자연스럽게 서로 다른 차원과 다른 정도의 욕구를 갖고 살아가게 되니까요.

혹자는 이렇게 이야기할지도 모릅니다. "우리 집은 넉넉해서 아이를 가장 좋은 학교에 보내고, 체계적으로 양육하며, 엄격하게 가르칩니다." 그러나 정서적인 지지와 공감이 부족하다면, 어떻게 될까요? 이런 성장 환경에서 아이는 어떤 결핍을 느끼게 될까요? 아마도 스스로를 아무것도 못 하는 무능한 사람으로 여기며 자기 확신을 잃어버릴 겁니다. 동시에 약한 모습을 용납하지 못해 절대 지지 않으려는 성격으로 자라기도 합니다. 또한 부모가 그랬듯 기대에 부응하지 못하면 다들 크게 실망하고 차갑게 대할 거라는 생각에 두렵습니다. 이로 인해 아이는 자신의 행동에 수치심과 자괴감을 느끼게 되지요.

어린 시절 긍정적인 감정을 충분히 경험하지 못하면, 심리적 허기에 시달리는 정서적 빈민이 됩니다. 이런 경우, 물건을 계속 사들이거나 쌓아 두면서 물질적인 만족에 집착하는 모습은 보이지 않을 수도 있으나, 마치 굶주린 사람처럼 주변 사람들의 관심을 끊임없이 갈구하게 될 수 있습니다. 원하는 것을 얻어도 또다시 잃을까 봐 불안해하다가 결국은 과도한 통제와 집착으로 이어지지요.

애니메이션 감독 미야자키 하야오의 작품 <센과 치히로의 행방불명>에 나오는 캐릭터 '가오나시'가 바로 그런 사례입니다. 가오나시는 주변의 관심과 인정을 끝없이 집어삼키려 하는데, 내면에 자리한 공허함과 막막함에서 비롯된 반응입니다. 자기 자신을 제대로 이해하지 못하기 때문에 단 한 번의 거절이나 무시에도 순식간에 낙담하고 흉악한 모습을 드러내면서 극도의 분노를 느끼지요. 내면 깊숙한 곳에 자리한 열등감과 연약함이 감정적 폭발의 형태로 나타난 것입니다.

자신도 모르는 사이 **안정감 추구 노선**을 평생 고수하며 사는 사람들은 우리 주변에 흔합니다. 그들은 달걀이나 밀가루가 부족하다는 소식 하나에도 불안에 빠집니다. 뉴스의 신뢰도나 심각성, 실제로 미칠 영향 등을 분석하고 이성적으로 사고하는 과정을 생략해 버립니다. 결핍감이나 빈곤감을 강하게 느끼는 사람들이 가장 두려워하는 것은 바로 '나는 아무것도 없다'는 느낌이기 때문이지요. 그러한 감정이 들면, 공황에 이를 만큼 심한 불안을 느끼기 때문에 즉각적으로 반응하려 합니다. 생존이 중요한 그들에게 '신중한 판단'은 사치스러운 행위니까요. 내면의 인지와 감정이 '그게 없으면 난 죽을 거야' 같은 비이성적인 신념을 만들어 냅니다. 이런 과장된 생각 때문에 불안하고 초조한 마음은 더욱 커지고, 물질적으로 아주 사소한 결핍만 생겨도 마치 생존이 위협당하는 것처럼 느끼게 되지요.

그러나 객관적으로 침착하게 생각해 볼 필요가 있습니다. 정부의 관리 및 분배 정책, 그리고 이웃이나 친구들의 지원과 나눔을 고려해 보면, 일시적인 물자 부족은 그리 오래가지 않으며 반드시 해결될 문제입니다. 설령 특정 물자가 점점 줄어들어 결국 사라진다고 해도 대체품이 존재하기 마련이지요. 따라서 유연하게 대응하는 태도와 전략을 유지한다면, 다양한 방식으로 생존을 이어 갈 수 있습니다.

전쟁이 일어나는 상황이 아닌 이상, 오늘날 생존은 그렇게 어려운 일이 아닙니다. 오히려 극단적인 사고방식과 부정적인 생각, '만족감'에 대한 지나치게 높은 기준이야말로 우리의 생존을 위협하는 주된 요인입니다.

안정감 추구 노선의 사람들은 '안정감'을 인생에서 가장 중요한 요소로 여깁니다. 모든 상황과 과정마다 안전한지 아닌지를 탐색하지요. 안정감이 중요하지 않다는 이야기는 아닙니다. 다만, 안정감에 지나치게 집착하다 보면 온 신경이 오로지 '안정감'에만 쏠리게 되지요. 사람은 자신이 중요하게 생각하는 것에 더욱 집중하기 마련입니다. 자신의 성취나 능력, 혹은 목표에 집중하는 사람들에 비해 안정감 추구에 몰두하는 사람들은 모든 에너지를 '안정감을 확인'하는 데에만 쏟기 때문에 어떤 상황이나 사건에서 새로운 것을 발견하고, 다양한 경험을 쌓으며 깨달음을 얻는 것이 어렵습니다.

삶은 계속 흘러가고 경험도 쌓여 가지만, 안정감만을 추구하는 사람들은 중년이나 노년이 되어서도 여전히 불안감을 안고 살아갑니다. '무언가를 잃지 않을까' 하는 두려움에 전전긍긍합니다. 간소하고 가벼운 삶과는 점점 멀어지죠. 결국 평생 무거운 짐과 끝없는 결핍감에 짓눌리며 삶에 대한 불만과 원망만 커지게 됩니다.

성취감을 추구하는 노선

성취감 추구 노선의 사람들은 기본적으로 안정감이 충분히 갖춰진 사람들입니다. 의식주나 대인 관계에서 오는 불안 요소들이 없기 때문에 더 많은 에너지와 자원을 자기 성취와 자아실현에 쏟을 수 있지요.

  가정 내 자본이 비교적 넉넉한 사람들에게서 차분하고 여유로운 모습을 볼 수 있는데, 이는 어린 시절에 걱정거리가 많지 않았던 것과 관련이 있을 겁니다. 가정이 경제적으로 안정된 상태일 때, 아이는 걱정 없이 학교에 다니고 친구들과 어울려 노는 데 대부분의 시간을 쓸 수 있으니까요. 물론 가정 내 애착 관계 역시 아이에게 안정감과 친밀감을 제공하는 요소입니다. 성숙한 부모에게서 자라는 아이는 부모의 싸움이나 정서적·신체적 폭력, 그리고 부정적인 말들을 두려워할 필요가 없지요.

또한 집 분위기가 대체로 긍정적이고 포용적일 때, 아이는 성장 과정에서 자신을 탐색하고 발전시키는 일에 집중할 수 있습니다. 정서적인 지지가 가득한 가정은 아이가 성장하는 동안 더 많은 에너지를 안전 욕구보다 상위인 '사랑과 소속의 욕구', '존중의 욕구', 그리고 '자아실현의 욕구'에 쏟을 수 있게 해 줍니다.

어린 시절을 힘들게 보냈지만, 성인이 되어 굉장한 성취를 이루고 사회적으로 인정과 존경을 받는 사람들도 있습니다. 그들은 어떻게 잠재력을 발휘해 자신의 한계를 돌파할 수 있었을까요?

어린 시절의 가난이나 결핍에 얽매이지 않을 수 있었던 데에는 매우 복잡한 요인들이 있지만, 핵심은 개인의 특성과 성격입니다. 어린 시절의 힘들었던 기억을 내려놓고, 자신의 인생을 어떤 목표나 창조, 의미, 변화를 이루기 위한 것이라고 믿는 사람들이 있지요. 이러한 믿음이 불운하고 불안정했던 어린 시절을 극복할 수 있는 의지력과 회복력을 줍니다. 동시에 자신의 능력으로 안정적인 삶의 기반을 만들어 자아실현을 이룰 수 있도록 도와줍니다.

어린 시절에 결핍을 경험한 사람들이 수많은 문제를 극복해 나가는 과정이란 매우 지난해서 심신의 에너지가 과도하게 소모되기도 합니다. 언젠가 자신의 존재 가치와 의미를 증명할 수 있는 단계에 이르더라도 심각한 건강 문제에 맞닥뜨릴 수도 있지요. 안타까운 일이지만, 평생 안정감 결핍에 시달리면서 자신의 가능성을 인식하거나 발전시킬 기회조차 없이 매일 알 수 없는 불안감에 갇혀 살아가는 사람들에 비하면, 비록 짧은 인생일지라도 내면은 성취감과 만족감으로 가득할 것입니다.

어린 시절의 가정 환경이 한 사람에게 미치는 영향력이 매우 크다는 점은 부정할 수 없습니다. 가정의 여건과 자본이 안정적일수록 개인이 성취를 지향하며 살아갈 수 있도록 더 많은 기회를 주니까요. 그 때문에 사회의 빈부 격차가 커질수록 불평등이 심해지고, 사회적 계층 이동에 더 많은 비용을 지불할 수밖에 없게 됩니다. 이러한 구조 속에서 많은 사람들이 희망을 잃고 생존에 필요한 것만 추구하면서 살아갑니다. 오늘 하루를 어떻게 넘길지만 고민할 뿐, 내일에 대한 기대는 하지 않게 되지요.

아무런 계획도, 미래에 대한 희망도, 그리고 자기 삶이 변할 수 있을 거라는 믿음도 가질 수 없다면, 결국에는 삶의 에너지가 소진되는 날까지 그저 안전 선 아래에서 떠밀리듯 살아가게 될 것입니다.

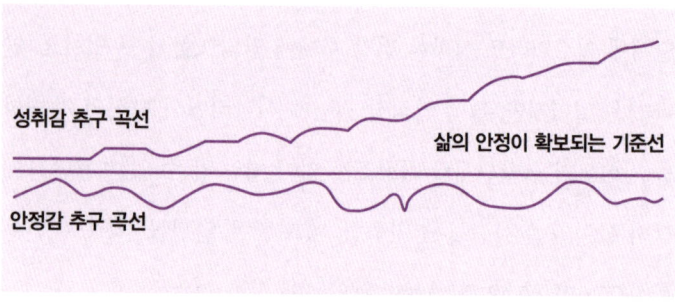

안정감과 성취감 추구에 따른 인생 곡선의 차이

자기 삶이 변할 수 있을 거라는 믿음이 없다면,
결국에는 삶의 에너지가 소진되는 날까지
그저 떠밀리듯 살아가게 됩니다.

4장

안정감이
삶에 미치는 영향은
어디까지인가

 안정감의 정도에 따라 한 사람이 바라보는 세상의 크기와 그가 어디까지 용기 내서 나아갈 수 있는지가 결정됩니다. 안정감이 낮은 사람은 대체로 사회에서 잘 적응하지 못하고, 인간관계에서도 불편함과 열등감을 쉽게 느끼지요. 걱정도 많고, 기분이 수시로 가라앉거나 긴장하기도 합니다. 기본적으로 자신을 긍정하고 신뢰하는 마음이 결여되어 삶의 가치를 잘 느끼지 못하기 때문에 폐쇄적이고 비좁은 세상에 머뭅니다.
 안정감이 매우 부족한 사람은 자기 존재에 대한 믿음이 결여된 사람이기도 합니다. 사람은 누구나 장점과 재능을 가지고 있으며

완벽하지 않아도 자신이 기여할 수 있는 영역이 있다는 걸 믿지 않지요. 자기 존재를 의심하는 마음, 심지어 '나는 문제 덩어리', '남들에게 귀찮은 존재', '약하고 열등한 사람' 등과 같이 내 안에 깊이 뿌리내린 부정적인 신념은 어린 시절 가정이나 사회에서 겪은 부정적인 대우에서 비롯됩니다. 수없이 거부당하고 거절당하며 미움받고 있다는 느낌을 강하게 받는 동안, 삶에 대한 근본적인 믿음이 손상되고 파괴된 거지요.

그 결과 자기 존재에 대해 심한 혼란을 느끼게 됩니다. 이 세상에는 자신이 안전하게 존재할 수 있는 곳도, 자기 자신으로 살아갈 기회도 없다는 생각에 깊은 불안감에 빠지기도 하지요. 세상은 그저 자신을 향한 비판과 혐오, 적대감으로 가득 차 있다고 느끼기 때문입니다.

삶에 대한 근본적인 믿음을 잃어버린 사람은 '자기 자신'에게 충분한 관심을 쏟기가 어렵습니다. 기본적으로 '나는 무엇을 좋아하는가', '나는 무엇을 하고 싶은가', '나는 어떤 사람이 되고 싶은가', '내가 원하는 삶은 어떻게 이룰 수 있는가' 같은 생각을 하기가 힘들지요.

한편 자신의 존재를 편안하게 받아들이지 못하기 때문에 매 순간 비교에 시달리거나 자신의 말과 행동 하나하나에 지나치게 신경을 쓰게 됩니다. 나도 모르게 다른 사람을 불쾌하게 한 건 아닌지, 혹시나 괴롭힘을 당하는 건 아닌지 걱정을 이어 갑니다.

이처럼 끝없는 두려움과 불안감이 마음을 온통 채우면, 모든 생각과 감정에 '불안' 반응이 일어나 그저 회피하고 싶어집니다. 결국에는 극심한 압박감이 마치 도살을 기다리는 어린 양처럼 한 발짝도 움직일 수 없게 만들지요.

안정감이 결핍되면 일어나는 일들

안정감 결핍이란 '내면에 안정감이 없는 것'으로, 흔하게 보이는 심리 상태입니다. 일반적으로 자기 가치, 문제 해결 능력, 특정 관계 안에서의 위치에 대해 확신이 없거나 불안함을 느끼는 감정 상태를 가리키지요. 원인은 과거의 경험, 불안정한 대인 관계 등 다양하지만, 특히 어린 시절 원가정에서의 경험이 가장 큰 영향을 미칩니다. 여기에 더해 어릴 때부터 통제 욕구(통제할 수 없는 상황에 불안을 느끼는 경향)가 있다거나 실패 또는 손실에 대한 두려움이 있다면, 불안감은 더욱 쉽게 강화됩니다.

심리학에서 불안감은 여러 문제와 연결되어 있습니다. 인간은 복잡한 생명체이자 하나의 통합된 존재이기 때문에 안정감 결핍이 만들어 내는 심리적인 어려움 역시 연쇄적으로 발생할 가능성이 큽니다. 구체적으로는 다음과 같습니다.

1. 자존감 저하

불안감과 낮은 자존감은 밀접한 관련이 있다. 자기 가치와 능력을 믿지 못할 때, 내면에 부정적인 독백이 지속적으로 일어나면서 자신을 끝없이 비판하고 깎아내리게 된다. 이는 자존감과 자기 가치감을 약화시키는 결과를 낳는다.

2. 사회 불안 장애

불안감은 사회 불안 장애를 유발하거나 악화시킬 가능성이 있다. 타인의 시선을 지나치게 의식하기 때문에 거절당하거나 평가받는 것을 과도하게 두려워하고, 긴장감과 불안감으로 인해 타인과 교류하거나 모임에 참여하는 상황을 피하게 된다.

3. 의존성 성격 장애 또는 과도한 의존

불안감은 타인의 인정과 지지에 지나치게 의존하도록 만들기도 한다. 불안감이 심한 사람에게는 이것이 안정감과 자기 가치감을 얻는 방법이 되기 때문이다. 이는 의존성 성격 장애로 이어지거나 건강하지 못한 관계를 반복하게 한다.

4. 대인 관계 문제

불안감은 관계 속에서 신뢰를 형성하는 데 문제를 초래해 건강한 관계를 맺고 유지하는 능력에도 영향을 끼친다. 상대를 과도하게 의심하거나 통제하려는 모습을 보이기도 하며 상대방의 시간, 공간, 사적인 영역까지 차지하려고 하기 때문에 잦은 갈등의 원인이 된다.

5. 감정 조절의 어려움

불안감은 강한 감정 기복을 불러온다. 그 때문에 심리적으로 불안함을 자주 느끼는 사람은 감정 조절에 어려움을 겪기 쉽다. 특히 문제를 맞닥뜨리면, 순간적으로 스트레스가 치솟으면서 감정 조절 기능이 제대로 작동하지 못해 감정 기복과 긴장감을 스스로 진정시키기가 매우 어렵다.

6. 실패에 대한 두려움과 완벽주의

심리적 불안감은 실패를 극도로 두려워하게 만든다. 이에 비현실적인 목표를 설정하거나 완벽함을 추구할 가능성이 높고, 이러한 압박감은 다시 불안과 우울을 유발한다. 자신의 강점이나 재능보다 약점과 한계에 더 집중하기 때문에 자기 능력을 과소평가하고, 가혹할 만큼 자기비판을 하기도 한다. 그리고 이 모든 과정이 스스로 발등을 찍는 꼴이 되어 실패와 좌절을 초래하는 결과로 이어진다.

7. 우울 및 불안 증상의 유발

심리적 불안감이 장기간 이어지면, 지속적으로 기분이 가라앉거나 즐거움을 느끼지 못하는 상태가 될 가능성이 높다. 그 결과 우울증이나 불안 증상이 나타나기도 하며, 건강을 해치는 상황에 이르기도 한다. 안정감과 정신 건강 사이에는 밀접한 연관성이 있다고 할 수 있다.

불안감이 한 사람에게 미치는 영향은 헤아리기 어려울 정도로 깊습니다. 단순히 심리적·감정적인 측면에 그치지 않고, 우리의 행동, 대인 관계, 그리고 건강에도 장기간에 걸쳐 부정적인 영향을 미치지요. 또한 삶의 중요한 결정들에도 직간접적으로 영향을 줍니다. 그러므로 불안감의 근본 원인을 이해하는 것이 무엇보다 중요합니다. 심리 상담 치료나 지지적인 관계의 도움을 얻어 불안감을 효과적으로 다루거나 완화할 수 있습니다. 물론 이 과정에는 시간이 필요하며, 길게는 몇 년에 걸쳐 회복이 이루어지기도 하지요.

불안감이 인생에 미치는 영향은 의심할 여지가 없습니다. 그로 인해 발생하는 삶의 문제와 대인 관계의 어려움 역시 명백한데, 구체적으로는 이러한 것들이 있습니다.

- **신체적 불안**: 빈곤이나 기아, 영양 부족 등으로 인해 발생하는 신체적 불안은 면역력 저하, 만성 두통, 소화 불량, 수면 장애 등 신체 증상으로 나타날 수 있다.
- **심리적 불안**: 애착 욕구의 결핍이나 지속적인 무시, 거절, 따돌림, 유기 등에 대한 두려움으로 생겨나는 다양한 걱정과 정서적 어려움이 해당된다. 그 결과 부정적인 생각과 판단을 자주 하며, 자신을 쉽게 비난하게 된다.
- **대인 관계에서의 불안**: 열등감과 수치심(자기 가치감, 자존감, 소속감의 부족)을 자주 느낀다. 내면이 취약하기 때문에 사람들 사이에서 쉽게 위축되고, 반대로 공격적인 반응을 보이기도 한다.
- **존재의 불안**: 자아실현이라는 목표와 삶의 의미를 잃고 고립감을 느

낀다. 자신의 존재나 미래에 어떠한 희망도 품지 않으며, 살아간다는 것은 고통이라고 여긴다.

앞서 3장에서 두 가지 삶의 노선을 언급했습니다. 삶의 중심을 어디에 두느냐에 따라 안정감 추구 노선과 성취감 추구 노선으로 나누었지요. 만약 심리적으로 안정감이 부족하고 불안을 삶의 기본 전제로 삼고 살아간다면, 우리는 자연스럽게 '생존' 그 자체에 집중하게 됩니다. 말하자면 '산다는 건 이토록 힘들구나. 나는 이미 지칠 대로 지쳤는데, 어떻게 더 높은 목표를 갖고 더 나은 삶을 추구하며 살 수 있겠어? 난 겨우 버티며 살아갈 뿐이야'와 같은 태도를 보이게 되는 거지요.

자신이 '생존'이라는 잔혹한 현실 속에서 살고 있는지, 아니면 이 세상은 잠재력과 재능을 발휘할 수 있는 곳이라고 믿으며 살고 있는지는 자기 성찰을 통해 어느 정도 확인할 수 있습니다. 인지적 관점에서 보면, 생존 불안 속에서 사는 사람들은 대체로 '비관적인 시각'을 갖고 있어서 어떤 일의 어려움이나 문제를 더 빨리 발견해 냅니다. 주변 사람과 상황, 심지어 자신마저도 늘 부정적이고 의심하는 태도로 바라보지요.

반면 성취동기가 강한 사람들은 대체로 '낙관적인 시각'을 유지

합니다. '어떻게 해야 성공할 수 있을까?', '목표를 달성하려면 무엇을 개선해야 할까?', '어디로 가야 조언을 구하고 도움을 받을 수 있을까?'에 초점을 맞추지요. 그렇다고 성취를 추구하는 사람들이 어려움을 겪지 않는다거나 잘못된 결정을 내리지 않는다는 뜻은 아닙니다. 또한 성취를 위해 걷는 그 길도 가시밭길처럼 험난하고 힘들 수 있습니다. 그러나 성취 지향적인 사람들은 사고방식과 관점이 자신이 설정한 목표 달성에 맞춰져 있기 때문에 문제를 해결할 때 비교적 단호하고 명확한 모습을 보입니다. '왜 잘못된 결정을 했을까? 왜 실수를 한 걸까?'라고 후회하거나 자신을 비난하는 데에 너무 많은 에너지와 시간을 쏟고 싶지 않기 때문입니다. 오히려 이 길이 아니라는 것을 알았으니, 가능한 다른 길을 탐색하면서 새로운 기회를 찾으려 애쓰지요.

이것은 심리적 자본을 구성하는 네 가지 요소인 희망, 자기 효능감, 낙관주의, 회복 탄력성의 모습과 유사합니다. 심리적 자본이 충분하면, 부정적인 감정의 늪에 쉽게 빠져들지 않습니다. 역경을 만나도 심리적 자질이 건강하고 튼튼하기에 조정해야 할 생각, 태도, 행동을 금방 찾아냅니다.

세상을 살아가는 데에는 비관적인 시각 역시 필요합니다. 세상이 온통 낙관으로만 가득해 문제의 핵심을 볼 수 없다면, 그 역시 바람직한 일은 아니지요. 누군가는 손실 가능성이나 잠재된 위험을 볼 수 있어야 전체적인 발전에 도움이 될 것입니다. 따라서 무조건 낙관적이어야 한다는 뜻이 아닙니다. 한 가지 관점에만 지나치게 갇혀서 그 관점에 지배당할 때가 진짜 문제지요. 그렇게 되면 객관적인 사실을 보지 못하고, 실제로 실행할 수 있는 전략을 세우는 능력마저 약해질 수 있습니다.

비관적인 시각을 유지하면, 문제가 생길 가능성을 예측할 수 있기에 대응 방안을 준비하는 데 도움이 됩니다. 동시에 낙관적인 시각을 겸비하면, 이후에 맞닥뜨릴 문제에 압도되지 않고 감당할 수 있지요. 여기서 말하는 낙관주의란, 현실적인 대응책도 없이 모든 게 저절로 잘 풀릴 거라고 믿는 순진한 기대가 아닙니다. 심리적 자본에서 말하는 '낙관주의'는 실수나 어려움 속에서도 자신이 얻은 것과 배운 것에 주목하고, 크고 작은 실패에도 무너지지 않으며, 회복 불가능한 상처 없이 자아를 지켜 내는 것에 초점이 있습니다.

이제 자신의 안정감이 어떤 상태인지 살펴야 할 차례입니다. 자신이 겪고 있는 신체적·심리적인 문제와 대인 관계에서의 어려움이 안정감 부족에서 기인한 것임을 깨달았다면, 안정감을 회복할 수 있는 자원과 방법을 찾는 것이 삶의 근본적인 문제를 바로잡는 길입니다. 이 여정의 끝에는 심리적 안정감을 가진 사람으로 다시 태어나 나의 세계를 더욱 넓고 환하게 열어 갈 수 있을 겁니다.

안정감의 정도에 따라
한 사람이 바라보는 세상의 크기와
그가 어디까지 용기 내서
나아갈 수 있는지가 결정됩니다.

5장

위험 회피 vs 기회 추구
당신의 인생철학은?

'안정감을 추구하는 삶'을 저는 한 걸음 더 나아가 **위험 회피 인생 철학**, 즉 **위험 회피형**으로 재정의하고 싶습니다. 이러한 인생철학의 기저에는 '두려움'과 '불안'이 깔려 있지요. 앞에서 언급한 것처럼 우리 뇌에 부정적인 감정이 존재하고 기능하는 목적은 위험 신호와 위협 요소를 탐지하기 위해서입니다. 만일 우리가 삶의 기본 태도를 '주변을 경계하고, 사람을 의심하며, 새로운 시도는 하지 않을 것'으로 설정해 버리면, 우리의 뇌는 부정적인 감정을 대량으로 끌어내 언제든 꺼내 쓸 수 있도록 준비해 둘 것입니다. 그래야만 일이 잘못될 가능성과 나쁜 결과를 예측하고 대비할 수 있기 때문입니다.

위험 회피형 사람들은 대체로 자신이 가진 능력이나 자원을 믿지 못합니다. 부모의 분노, 가난, 가족 간의 다툼 속에서 자랐거나 따돌림을 경험했을 가능성이 있습니다. 그래서 어린 시절부터 이 세상을 위험하고 무서운 곳으로 인식하고, 조금이라도 방심하면 상처를 입을 수도 있다는 신념을 갖게 된 거지요. 갈등과 대립이 빈번한 환경일수록 아이들은 '위험을 피해야만 살아남는다'라는 말을 귀에 못이 박히도록 들으며 자라게 됩니다. 그 과정에서 자연스럽게 위험 회피 성향이 더욱 강해지게 되고요.

대만 사회를 중심으로 살펴보면, 정치적으로는 38년이나 지속되었던 계엄령부터 경제적으로는 반도체 강국으로 변하기까지 시대의 거대한 흐름 속에서 수많은 변화를 겪어 왔습니다. 이에 세대마다 서로 다른 삶의 철학을 갖게 되었지요.

과거에는 입에 풀칠하는 것조차 어려웠습니다. 상급 학교로 진학할 기회를 얻는 건, 많은 이들이 그저 바라만 봐야 했던 꿈이었지요. 온갖 고생을 해 가며 공직 시험을 보는 것도 오로지 생계를 위해서였습니다. 개인의 욕구는 당연히 억누를 수밖에 없었습니다. 그렇지 않으면 '이기적'이라거나 '철이 없다'는 비난을 피할 수 없었으니까요. 개인은 가족 또는 조직과 같은 공동체를 위해 헌신하고 희생해야 했습니다.

그러나 지금은 다릅니다. 시대 변화와 경제적 여건의 향상, 투자의 대중화에 따라 요즘은 이르면 초등학생 혹은 중학생 때부터 주식에 관심을 보이기도 하지요. 또한 대학 교육이 보편화되면서 대부분 대학에 진학합니다.

인생철학 역시 과거와는 매우 달라졌습니다. 요즘 세대의 인생철학은 '위험 회피'와는 거리가 멉니다. 생계유지가 우선도 아니지요. 이들은 '내가 진정으로 원하는 삶은 어떤 모습일까?', '삶의 의미와 목적은 무엇일까?', '열심히 노력하며 사는데 행복하지 않다면, 그래도 계속 나아가야 하는 걸까?'와 같은 질문을 던지게 되었습니다.

과거에는 윗사람(상사 혹은 부모)의 지시를 들으면 두말하지 않고 따랐습니다. 멈칫하거나 행동이 굼뜨면 혼날까 봐 두려워했지요. 반면 요즘 세대는 윗사람의 지시나 명령을 바로 따르기보다 '해야 하는 이유'를 묻습니다.

사회가 빠르게 변함에 따라 5년 혹은 10년 주기로 사고방식과 가치관이 달라지고 있습니다. 대인 관계에 얽매였던 과거와 달리

개인의 독자성이 점점 강조되면서 의존 욕구 또한 점차 줄어들고 있습니다. 혼자 사는 사람이 점점 많아지고, 디지털 네트워크만으로도 삶을 영위할 수 있는 사람들이 등장하기 시작했지요. 생존을 위해 필수적이라고 여겨지던 안정감의 조건들이 갖는 중요성이 앞으로 달라질 수 있는 겁니다.

이제는 '불변의 가치'를 찾기 어려운 시대가 되었습니다. 이런 흐름 속에서 '성취감 추구 노선'의 사람들이 주목받으며 과거의 보수적이고 순종적인 문화를 서서히 바꾸고 있습니다. 이들은 성취에 대한 열망이 강하고 '기회를 좇는' 삶을 추구하며 '희망'과 '적극성'과 같은 긍정적인 감정을 삶의 에너지로 삼습니다. 이들을 **기회 추구형**이라고 부르는 이유입니다.

물론 우리는 상황에 따라 '기회를 좇기도' 하고 '위험을 피하기도' 합니다. 절대적으로 어느 한쪽에만 서 있을 수는 없지요. 그러나 어느 쪽 경향이 더 강한지, 또는 어느 쪽을 삶의 철학으로 삼느냐에 따라 인생의 방향과 과정은 완전히 달라집니다.

익숙한 예시를 하나 들어 보겠습니다. 신발을 파는 상인 두 명이 외딴곳으로 시장 조사를 나갔습니다. 현지에 도착한 그들은 사람들이 전부 맨발로 다닌다는 것을 알게 되었지요. 상인 A는 "여긴 사람들이 신발을 신지 않네! 신발이 팔릴 리가 없어. 됐다, 됐어. 여기서는 못 팔겠어"라고 말하며 희망을 버렸습니다. 반면 상인 B는 무척이나 기뻐하는 얼굴로 희망에 차서 말했습니다. "정말 잘됐다! 여기 사람들은 아직 신발을 신지 않네. 전부 나의 고객이야. 내 신발을 저 사람들에게 팔아야겠다."

이 예시는 같은 상황에서도 시각에 따라 다른 해석이 나올 수 있다는 사실을 보여 줍니다. 물론 어느 한쪽이 무조건 맞다고 이야기할 수 없으며, 미래의 일은 그 누구도 확신할 수 없지요. 하지만 두 사람의 서로 다른 성격과 사고방식은 각각 다른 감정과 행동으로 나타났습니다. 상인 A는 '위험 회피' 인생철학을 지닌 이로, 나쁜 결과를 속단하고 바로 단념해 버리지요. 반면 상인 B는 '기회 추구' 인생철학을 지닌 이로, 가능성을 읽어 내며 목표 달성을 향해 나아갑니다.

물론 어떤 인생철학을 따르든 현재 처해 있는 현실을 외면할 수는 없습니다. 상황을 판단하는 시각이나 자신이 가진 자원에 따라 현실에 대한 평가와 해석이 달라질 수는 있지만, 실제적인 평가가 기반이 된다면 '기회 추구 인생철학'은 충분히 의미를 갖고 기능하게 됩니다. 반면, 객관성과 현실성을 잃어버린 평가라면, 위험 회피형이든 기회 추구형이든 결국에는 안갯속에서 길을 찾는 것처럼 헤매게 되겠지요.

이제 현실에서 일어날 법한 구체적인 예시를 제시하려 합니다. 똑같은 상황에서 '위험 회피형'과 '기회 추구형'의 인지, 감정, 행동에 어떤 차이가 있는지 살펴보겠습니다.

✱

상황 1
회사에서 나와
개인 브랜드를 만들 것인가?

직장에서 아침 9시부터 저녁 6시까지 일하며 오랫동안 경력을 쌓다 보니, 에너지가 점점 고갈되면서 권태가 느껴진다. 그러다 불현듯 이런 생각이 떠올랐다.

계속 이렇게 살아야 하는 걸까? 오로지 일만 하는 기계가 된 기분이야. 삶에 변화가 필요한 건 아닐까? 이제라도 내가 정말 하고 싶은 일이 무엇인지 찾아야 하는 건 아닐까? 요즘 다들 자기만의 브랜드를 가지고 있던데, 나도 나만의 브랜드를 만들어 볼까?

앞서 제시된 상황을 보며, 내 안에 즉각 떠오르는 생각이나 반응을 먼저 살펴봅니다. 그다음에는 '위험 회피형'과 '기회 추구형'이 각각 어떤 인지적 신념과 감정적 태도, 행동 양상을 보일 것 같은지 적어 봅니다.

위험 회피형

인지적 신념: _____

_____

_____

감정적 태도: _____

_____

_____

행동 양상: _____

_____

_____

기회 추구형

인지적 신념: _____
_____
_____

감정적 태도: _____
_____
_____

행동 양상: _____
_____
_____

저자의 견해

인간은 다양성을 지닌 존재이자 복합적인 존재입니다. '위험 회피형'과 '기회 추구형'의 반응 역시 미묘한 차이와 고유한 개성을 보일 수밖에 없지요. 그러나 한 개인의 감정적 태도 및 행동을 이끄는 핵심 동력은 '의식', 즉 인지적 신념이 만들어 낸 틀에서 비롯됩니다. 이를 바탕으로 우리는 누군가의 행동 이면에 어떤 동기와 욕구, 기대 등이 있는지 분석하고 예측할 수 있습니다.

첫 번째 상황에서 위험 회피형은 '내게 열정이 남아 있을까?', '아직 이루지 못한 꿈이 있을까?', '창업해서 나만의 브랜드를 만들어 볼까?'와 같은 생각이 떠오르더라도 이를 억누르는 경향이 있습니다. 익숙한 환경과 정해진 일, 즉 우리가 흔히 말하는 '안전 지대'에서 벗어나지 않으려는 성향이 강하고, '이미 알고 있는 것'을 중요하게 생각하며 집착하지요. 무에서 유를 창조하거나 새로운 가능성을 탐색하는 일은 이들에게 엄청난 스트레스이자 과부하를 가져옵니다.

불안정한 변화나 미지의 상황을 걱정하지 않아도 되는 환경이 이들에게는 마음이 안정되는 조건인 거지요. 창업이라는 꿈을 상상하는 것보다 매일 해야 하는 일을 잘 알고 있는 상태가 이들에게는 훨씬 중요합니다. 불현듯 '내 삶에 변화가 필요한 건 아닐까?'라는 생각이 떠올라도 그런 생각을 곱씹는 과정에서 이미 피로를 느끼기 때문에, 무언가 시도해 보고 싶은 생각이 들어도 금세 사그라들어 결국에는 다시 익숙한 일상으로 돌아가지요.

반면, 기회 추구형은 미지의 것에 기대감을 느낍니다. 이미 알고 있는 환경이나 정해진 삶의 방식보다는 자기 삶에 더 큰 만족감과 가치감을 가져다줄 더 나은 환경과 더 적합한 삶의 방식이 있을 거라고 믿지요. 또한 새로운 길을 개척하는 일에 강하게 끌립니다. 그로 인해 더 많은 사람을 만나고, 더 많은 정보를 접하게 되어 기회 또한 많아지고요.

    무언가를 시도하거나 새로운 계획을 실행할 때, 기회 추구형 역시 스트레스와 긴장감을 느낍니다. 다만, 내면에서 희망과 열정이 든든하게 받쳐 주고 있기 때문에 자기 의심이나 자기 부정에 쉽게 빠지지 않습니다. 대신 상황을 돌파할 방법을 찾는 데 집중합니다. 진행 과정에서 발생하는 실수나 실패도 변화와 조정이 필요하다는 신호로 여기기 때문에 좌절감에 빠지는 일 또한 적습니다. 시도의 횟수에 관계없이 계획을 성공시키는 것에 초점을 두는 거지요. 또한 빠른 성공으로 이어지지 않더라도 기회 추구형은 자신의 강점이나 도움이 될 만한 외부 자원이 어디에 있는지 금방 포착해 냅니다.

상황 2
다시 공부를 시작해 분야를 바꿀 것인가?

우리가 20~30대에 선택한 직업은 대체로 그 당시 상황이나 여건에 따른 것일 가능성이 높다. 그 때문에 전보다 성숙해지고 자신을 잘 알게 되는 때가 오면 비로소 '내가 진짜 하고 싶은 일은 무엇인가?' 혹은 '어떤 분야의 전문가가 되고 싶은가?'와 같은 질문을 던지게 된다. 그러나 우리는 더 이상 젊지 않고 체력, 정신적 에너지를 이미 많이 소진한 상태다. 이런 상황에서 새로운 전공을 배우거나 낯선 분야에 뛰어들겠다는 결정을 내리는 건 절대 쉽지 않은 일이다. 그 과정에서 투입해야 할 시간과 비용을 생각하면, 앞뒤를 재 가며 고민할 수밖에 없다.

앞서 제시된 상황을 보며, 내 안에 즉각 떠오르는 생각이나 반응을 먼저 살펴봅니다. 그다음에는 '위험 회피형'과 '기회 추구형'이 각각 어떤 인지적 신념과 감정적 태도, 행동 양상을 보일 것 같은지 적어 봅니다.

위험 회피형

인지적 신념: _____
_____ _____
_____

감정적 태도: _____
_____
_____

행동 양상: _____
_____
_____

기회 추구형

인지적 신념: _____
_____
_____

감정적 태도: _____
_____
_____

행동 양상: _____
_____
_____

저자의 견해

첫 번째 예시(창업)에 비해 이번 예시는 문턱이 훨씬 높을 겁니다. 전문적인 자격을 갖기까지 수많은 관문이 있기 때문이지요. 로스쿨이나 의학전문대학원 같은 교육 기관을 통하든 그렇지 않든, 선발 절차나 시험을 통과해 자격이 있음을 증명해야 하고, 그런 후에도 단계별로 규정이며 평가 기준을 충족해야 하므로 불확실성은 자꾸만 커집니다. 최종적으로 전문 자격을 취득할 수 있느냐 없느냐 여부가 전적으로 나에게만 달린 게 아니기 때문이지요.

특히 과거에 학습 과정에서 실패를 경험한 적이 많은 위험 회피형의 경우 정규 교육 과정을 다시 밟는 일이 매우 어렵습니다. 과거의 실패 경험을 떠올리면서 자신을 부정적으로 평가하게 되니까요. 머릿속에서는 '네가 이렇게 멍청하고 형편없는데, 무슨 자격으로 합격할 수 있다는 거야? 운 좋게 들어가더라도 중간에 떨어질 거야…'라고 끝없이 외쳐 댑니다.

위험 회피형 사람들의 뇌는 두려움과 상처, 손실을 피하는 방향으로 움직입니다. 그래서 '하지 마', '가지 마', '바꾸지 마'라고 설득하는 목소리가 끊이지 않습니다. 그럴듯한 이유와 핑계를 대면서 새로운 시도를 단념하도록 만들지요. 실패와 손실을 단정 짓고 어떻게든 그 상황을 피하려 하기 때문에 만류의 목소리가 유난히 더 크게 작동합니다.

실제로 우리는 '저항이 작고 장애물이 적다'고 느껴야 더 쉽게 행동으로 옮깁니다. 그런데 우리 뇌가 부정적인 판단을 계속 내리면 의욕이 급격히 떨어지죠. 그렇다고 쉽게 포기하지도 못하면, 내부에서 여러 목소리가 충돌하면서 정작 무언가를 하기도 전에 지칠 수밖에 없습니다.

이러한 상황에서 기회 추구형은 더 많은 에너지를 쏟아부으며 꾸준히 나아갑니다. 자신의 비전과 성공한 모습에 초점을 맞추기 때문입니다. 또한 스스로가 도전을 감당할 만한 능력을 갖추고 있다고 믿습니다. 수많은 어려움이 있을지라도 단번에 성공하겠다는 조급함으로 자신을 몰아붙이지 않습니다. 간혹 기대가 지나치게 높고 실패를 용납하지 못하는 사람들을 볼 수 있는데, 이들은 대체로 자신의 존재 가치를 외부에서 증명하려고 합니다. 그러다 기대에 못 미치는 결과가 나오면 치명타를 입지요. 경험을 쌓으며 개선해 나가는 과정을 받아들이지 못하는 것입니다.

반면, 기회 추구형은 개선 가능성을 믿습니다. 실패 하나로 자신의 가치나 능력을 부정하지 않죠. 이는 자존감이 '안정적으로' 높은 사람들이 보이는 모습이기도 합니다. 자존감이 높은 사람은 스스로를 의심하거나 비난하는 데 에너지를 소모하지 않기에 계획을 실행하는 데 더 많은 에너지를 쓸 수 있게 되는 거지요.

실제로 우리 주변에는 중년에 직업을 바꾸거나 학위를 다시 취득하는 사례를 얼마든지 찾을 수 있습니다. 즉, 불가능한 과제가 아니라는 뜻이지요. 나의 인생을 어떻게 만들어 나갈지는 결국 나의 결정에 달려 있습니다.

스스로가 정한 한계 안에 머무를 건가요? 아니면 새로운 길을 개척해 나가면서 꿈꾸던 나의 모습을 이룰 건가요?

상황 3
나와 맞지 않는 사람과의 관계, 완전히 끝낼 것인가?

연애를 한 지 몇 개월이 흘렀다. 초반에는 나를 신경 써 주는 듯한 상대의 모습에 나름 연애하는 기분이 들었다. 하지만 시간이 흐르면서 그 사람은 점차 바빠지기 시작했다. 내게 짜증을 내거나 비하하는 말투로 이야기하는 일도 많아졌다. 심지어는 내가 '요즘 우리는 대화도, 관계도 삐걱거리는 것 같고, 가끔은 나를 홀대하는 것 같다'라고 토로해도 변화가 없다. 며칠 동안 연락도 받지 않고 날 무시해 버린다. 그 사람의 이런 태도에 나는 마치 벌을 받는 기분이 든다. 이런 생각을 하는 내가 부적절하고 귀찮은 존재인 것만 같다. 매우 혼란스럽고, 불행하며, 괴롭다.

앞서 제시된 상황을 보며, 내 안에 즉각 떠오르는 생각이나 반응을 먼저 살펴봅니다. 그다음에는 '위험 회피형'과 '기회 추구형'이 각각 어떤 인지적 신념과 감정적 태도, 행동 양상을 보일 것 같은지 적어 봅니다.

위험 회피형

인지적 신념: _____

_____

_____

감정적 태도: _____

_____

_____

행동 양상: _____

_____

_____

기회 추구형

인지적 신념: _____

_____

_____

감정적 태도: _____

_____

_____

행동 양상: _____

_____

_____

저자의 견해

심리적 안정감이 부족한 위험 회피형은 불확실성을 극도로 두려워하고 자기 의심으로 가득 차 있습니다. 대체로 자기 욕구나 가치관이 명확하지 않기 때문에 외부 상황이나 타인으로부터 영향을 쉽게 받지요. 건강하지 못한 관계 때문에 힘들어하면서도 결정을 내리지 못합니다. 자신의 선택이 잘못된 건 아닌지 반복적으로 저울질하며 걱정하고, 이후 따라오게 될 외로움이나 불확실한 상황을 염려하곤 합니다.

특히 감정적인 공허함 때문에 타인에게 정서적으로 더 의존하는 경향이 있습니다. 안정감과 자기 가치를 스스로 탐색하고 구축해 나가기보다 타인과의 관계에서 찾으려는 것입니다. 그래서 이별을 떠올리면, 두려움과 불안이 강하게 일어납니다. 지금의 연인을 잃을까 봐 혹은 새로운 상대를 찾지 못할까 봐 건강하지 않은 관계를 계속 유지하기도 하지요.

이들은 내면의 안정감이 약해서 외부의 인정을 받으려 애쓰고, 이를 통해 자신의 가치를 확인하려는 욕구가 강합니다. 타인의 의견이나 생각을 지나치게 신경 쓰지요. 그래서 의사 결정을 할 때마다 친구나 가족, 전문가, 심지어는 신에게까지 지나치게 의존하며 스스로 결정하지 못합니다. 그러니 이별을 심각하게 고려해야 할 상황임에도 비난을 피하고 싶은 마음에 문제 자체를 외면하거나 결정을 미루는 모습을 보일 수 있습니다. 변화보다는 차라리 현 상태를 유지하면서 갈등이 유발되는 상황을 피하고 싶은 거지요.

심리적으로 안정감을 지닌 사람은 관계에서도 행복한 삶을 만들어 갈 기회를 찾습니다. 자신과 맞지 않는 상대라 판단되면, 이성적으로 결정을 내리고 이별 후에 찾아올 변화나 불확실성 역시 더 잘 받아들이지요. 좋은 쪽으로 나아가려는 기회 추구형의 신념이 자율성과 자신감이라는 힘을 주기 때문에 자신이 정말로 원하는 관계를 적극적으로 만들어 나가는 겁니다.

살다 보면 어려운 일이 생기기 마련이라 늘 순탄할 수만은 없습니다. 하지만 어려운 일이 생겼을 때 우리가 어떻게 인지하며, 어떠한 태도와 방식으로 문제를 해결해 나갈지는 전적으로 심리적 안정감의 상태에 따라 달라진다는 점을 알아야 합니다. 위험 회피형이라면 문제를 피하거나 미루는 방향을 선택할 것이고, 반대로 기회 추구형이라면 직면하고 해결하는 방향을 택할 것입니다.

결국 이 차이는 안정감의 상태와 수준에 기반을 두고 있습니다. 따라서 우리는 한 번쯤 스스로 돌아볼 필요가 있습니다. 지금까지 나는 어떤 인생철학에 따라 반응하고 선택하며 살아 왔나요?

인생 회고하기

다음의 표를 이용해 내 삶의 중대한 사건들(예를 들면 연애, 대학 진학, 취업 등 나의 인생 방향과 관련된 것)을 회고해 봅니다. 그 과정에서 당시 내가 가졌던 인지적 신념(가치관 포함), 감정적 태도(예를 들면 긍정적이었는지 부정적이었는지), 그리고 나의 행동과 최종 선택까지 모두 적어 보세요. 이 내용을 바탕으로 자신이 위험 회피형과 기회 추구형 중 어느 쪽에 가까운지 인식해 봅니다. 정리가 끝난 뒤에는 나의 심리 반응을 더 깊이 이해하게 될 것입니다.

내 삶의 중대한 사건 개요	당시의 인지적 신념 감정적 태도 행동 및 선택	성향 판단 (위험 회피형 또는 기회 추구형)

어려운 일이 생겼을 때
우리가 어떠한 태도로 문제를 해결해 나갈지는
심리적 안정감의 상태에 따라 달라집니다.

6장

사람이 가장 두려운 사람들

반복되는 불안감은 삶을 혼란에 빠뜨립니다. 질서와 규칙이 주는 안정감을 느낄 수 없게 만들고, 장기적인 계획을 세우는 것도 어려워지죠. 이는 부정할 수 없는 사실입니다.

불안감이 내면의 중심에 자리 잡으면, 세상의 모든 것들을 위협적이고 위험한 대상으로 바라보게 됩니다. 위험 요소를 찾느라 시야가 좁아지고 의심스러운 징후는 전부 자기 생각이 옳다는 증거로 해석합니다. 그 결과, 객관적으로 생각하거나 다른 가능성을 볼 수 없게 되죠.

지금까지는 주로 안정감이 한 사람의 삶과 성취에 어떤 영향을 미치는지에 대해 다루었다면, 이번 장에서는 대인 관계에 미치는 영향을 중점적으로 이야기하려 합니다. 심리적 불안감은 직접적으로 관계를 무너뜨리기도 합니다. 특히 연인이나 부모-자식 혹은 친구처럼 중요한 관계에 더욱 치명적으로 작용하지요. 의심과 불신, 끝없는 비난으로 이어지는 관계는 모래성처럼 쉽게 무너질 수밖에 없습니다.

안정감이 손상되었거나 부족한 사람은 자신에게 중요한 사람이든 그렇지 않든 의심하는 경향이 있습니다. 상대가 믿을 만한 답이나 반응을 충분히 보여 주어도 자신의 '의심'만을 믿기 때문에 타인에게 마음을 열기가 매우 어렵습니다.

물론 모든 관계와 사람을 무조건 신뢰하고 마음을 열어야 한다는 뜻은 아닙니다(오히려 위험을 초래할 수 있지요). 하지만 안정감이 탄탄한 사람은 자신의 판단에 근거가 될 정보를 스스로 모아서 객관적인 분석을 한다는 데에 커다란 차이점이 있습니다. 보다 침착하고 세심하게, 이성적으로 사고할 수 있지요. 단순히 감정에 휘둘리기보다 과거 경험이나 외부 정보 등을 바탕으로 나름의 평가 체계를 구축해 신뢰할지 말지를 정합니다.

대인 관계에서 불안감을 자주 느끼는 사람들에게 가장 큰 위협과 위험은 바로 '인간관계' 그 자체입니다. 개인이든 집단이든 누군가를 마주하는 순간, 그 즉시 강한 두려움과 불확실성으로 인한 불안 반응이 촉발되지요. 그들에게는 '사람'이 가장 두렵고 위험한 존재로 인식되는 겁니다.

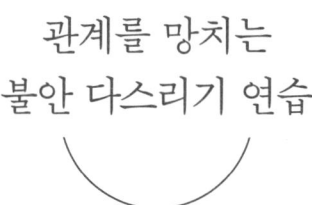

관계를 망치는 불안 다스리기 연습

 부정적인 감정은 안정감 형성을 방해하는 요소 중 하나입니다. 원래 부정적인 감정은 우리가 처한 환경이 안전하지 않을 때 이를 알려 주는 경고 신호로, 생존에 반드시 필요합니다. 그러나 경고 신호가 과도하게 작동할 경우, 심지어 현실과 동떨어진 수준으로 작동하기 시작하면 그때부터는 주관적인 불안감이 만들어 낸 부정적인 감정 반응이 자신과 타인 모두에게 상처를 줍니다. 신체적·정신적으로 건강을 해칠 뿐만 아니라 타인과의 관계까지도 망가뜨릴 수 있지요.

 부정적인 감정이 쉽게 일어나는 것은 내면의 낮은 자존감과 밀접한 관련이 있습니다. 자존감이 낮은 사람은 스스로 부족하다고 여겨 모든 상황과 문제의 원인을 자신에게 돌리는 경향이 있는데, 그 즉시 수치심과 불안감을 느낍니다. 그뿐만 아니라 문제의 근원과 요인을 객관적으로 읽어 내지 못하고, 모든 문제를 '네가 옳고 내가 틀렸다', '너는 괜찮고 나는 나쁘다'는 식의 이분법으로 해석합니다. 그 결과, 더 쉽게 좌절하고 더 큰 상처를 입게 되지요.

자존감이 낮은 사람은 '나는 부족해'라는 불안감을 마음속에서 잠재우는 법부터 배워야 합니다. 또한 어떤 말이 들려와도 자신에 대한 공격이나 폄하, 비난으로 받아들이는 일을 줄여 나가야 하죠. 불친절하거나 너무 비판적인 사람과는 거리를 두는 것도 필요합니다. 자존감이 낮은 상태에서는 그런 사람들과의 관계가 악영향을 미칠 수도 있기 때문입니다.

더불어 언제나 상대를 만족시켜 인정받아야 한다는 강박을 내려놓는 연습이 필요합니다. 이러한 사고방식과 습관의 뿌리는 사실 관계 안에서 느끼는 불안감에 있지요. 의식적으로든 무의식적으로든 자신은 언제든 미움받고, 거절당하고, 부정당할 수 있다는 두려움을 품고 있기 때문입니다.

사랑받고, 인정받고 싶은 마음은 누구에게나 있는 자연스러운 욕구입니다. 하지만 자신을 낮추거나 비굴하게 비위를 맞출 필요는 없습니다. 그렇게 얻어 낸 사랑과 인정은 일시적이고, 기울어진 관계 속에서 상대의 눈치를 보거나 통제를 당하게 됩니다. 결국 진정한 존중이나 인정은 얻을 수 없게 되는 거지요.

사람이 내면의 상태가 좋지 않을 때(에너지가 낮거나 불안정할 때)는 생각을 제대로 표현할 수 없고, 결국 감정적으로 분출하거나 압박을 주는 방식으로 나타납니다. 하지만 그 사실을 안다고 해서 상대의 감정에 휘둘리거나 끌려가서는 안 됩니다. 모든 문제를 자신의 탓으로 돌리거나 문제를 객관적으로 바라보고 분석할 수 있는 능력까지 잃어서는 안 되지요. 문제는 다양하고 복잡한 요인들이 모여 발생한다는 사실을 제대로 이해할 필요가 있습니다. 이 세상에 단 한 사람에게 책임을 돌리는 것만으로 해결되는 문제는 없으니까요.

하지만 '이해한다'는 것만으로 변화할 수 있을까요? 이론적인 해결책을 잘 알고 있고, 극단적인 인지 판단으로 불안이 촉발되지 않도록 스스로 다스리는 노력을 한다 해도, 여전히 불안정한 환경에서 긴장하며 살아간다면 어떨까요? 혹은 자신의 생각, 감정, 행동까지 불안하게 느끼며 확신하지 못한다면 어떨까요? 아무리 '다 알고 있다' 해도 실제로 해 내는 것은 쉽지 않을 수 있습니다. 우리의 내면 시스템이 너무 단단하게 굳어 있으면, 유연하게 사고하고 행동하는 능력을 회복하기가 어렵고 감정 조절 기능이 원활하게 작동하는 데에도 영향을 미치게 되지요.

어린 시절 불안정한 환경에 노출되고 정서적으로 극심한 혼란을 경험하면 신체적·정신적으로 불안 반응이 일어나는데, 이 상태가 장기간 지속되면서 불안과 초조 반응이 자동화되어 굳어 버립니다. 열악한 성장 환경으로 인해 트라우마 반응이 만들어지는 거지요. 또한 양육자로부터 충분한 지지와 돌봄을 받지 못했기에 스스로 감정을 가라앉히고 조절하는 것이 어려워집니다.

어릴 때 적절한 보살핌과 지도를 받지 못하는 상황이 반복되면, 우리 뇌에 '학습된 무기력'*, '학습된 불안정감'처럼 자동화된 신경 회로 반응이 형성되기 쉽습니다. 이것이 오랜 시간 작동하면서 인격 발달에 영향을 주고, 결국에는 성격의 한 부분으로 굳어지죠. 그 결과, 그동안 경험한 불안과 무력감은 인지적 신념으로 단단히 자리 잡습니다. 그리고 자동 항법 시스템처럼 반응과 행동을 이끌기 시작하지요. 이 프로그램은 삭제하지 않는 한, 정해진 반응을 신속하게 그리고 끝없이 도출합니다.

- 참고 문헌: Maier, S. F., & Seligman, M. E. (1976). Learned Helplessness: Theory and Evidence. *Journal of Experimental Psychology: General*, 105(1), 3.

안정감이 부족한 사람의 자동 항법 시스템은 위험 회피를 목적으로 작동하므로 세상을 보는 시각 역시 비관적입니다. 생각, 말, 감정 모두 결핍이나 위험과 같은 부정적인 측면에 집중되어 있지요. 심지어는 아직 일어나지 않은 일에 대해서도 부정적으로 예측하거나 부정적인 결과를 예언하는 식의 반응을 보입니다.

사실 조금만 생각해 보면 이해할 수 없는 일만은 아닙니다. 좋은 면에만 집중하면, 실수나 실패를 예측하고 대비할 수 없어 위험을 피하고자 하는 목적을 달성할 수가 없게 되지요. 그러므로 어떻게든 온 힘을 다해 부정적인 가능성을 예측해야만 위험한 상황을 피할 수 있다고 믿는 겁니다. 심지어 작은 실수 하나도 모든 것을 망칠 수 있다는 생각으로 자기 자신을 몰아붙여야 문제를 피할 수 있다고 믿지요. 가령, 시험에서 2점이 깎였는데 나머지 98점은 의미가 없다고 여기면서 '어떻게 얼굴을 들고 살지?'와 같은 생각까지 하게 되는 겁니다.

위험 회피형은 불완전한 것, 이상적이지 못한 것, 끔찍한 것을 무한히 찾아내기 때문에 내면에 부정적인 감정들이 잔뜩 쌓여 있습니다. 온갖 폭탄과 화약으로 가득 찬 방처럼 언제 터질지 모르는 상태와도 같지요. 그중에서도 우리 삶에 자주 모습을 드러내며 불안과 우울을 더욱 강화하고, 자신을 고통스럽게 만드는 걱정들이 있습니다.

미움받는 것에 대한 두려움

소위 '미움받을 용기'란 온전한 자아 성장을 전제로 합니다. 나의 안전과 존재 가치를 여전히 다른 사람의 인정과 평가에 의존해 확인하고 있다면, 미움받을 용기를 내기는 어렵습니다.

우리는 필연적으로 타인의 존재를 신경 쓰고, 타인의 시선을 확대 해석하며, 타인의 평가를 기준으로 나의 가치를 판단하게 됩니다. 타인의 악의적인 시선과 비우호적인 태도를 고스란히 흡수해 자신은 아무짝에도 쓸모없는 존재이기 때문에 미움받고 거부당하는 거라고 생각하기도 합니다. 그러나 이 모든 것은 사실 내면의 불안감에서 비롯된 반응일 뿐입니다.

객관적으로 생각하면, '미움받는 일'이 우리의 생명을 위협할 정도로 치명적이지는 않습니다. 다만 심리적으로 주관적인 불안과 위협 반응을 촉발해 고통을 느끼고, 신체적으로도 숨 막힐 듯 긴장과 스트레스를 경험하게 하지요.

조금만 더 깊이 들여다보면 어떨까요? '미움받는 일'은 피할 수 없습니다. 누구에게나 싫은 사람과 미운 사람이 있기 마련이니까요. 그러나 누군가를 감정적으로는 싫어하거나 미워할지언정 이를 행동으로 옮겨서 타인의 생명을 해하는 일까지 하지는 않습니다. 그런 행위는 사회적 논란과 법적 처벌의 대상이 되기 때문이지요. 사실 '싫다'는 감정은 지극히 개인적인 느낌이며 객관적인 사실이 아닙니다. 예를 들어, 누군가가 생크림 케이크나 딸기를 싫어한다면 그건 오로지 개인의 불호이자 거부감일 뿐, 생크림 케이크와 딸기가 '정말 맛없고 혐오스러운' 음식이라는 뜻은 아닌 것처럼요.

하지만 불안감이 높은 사람들에게는 '느낌이 곧 사실'이기 때문에 자신이 느낀 것을 진리처럼 받아들입니다. 가령 누군가가 '나는 정말 운이 없어서 온갖 끔찍한 일이 나에게만 일어난다'라고 느낀다면, 그 감정은 이미 그 사람에게 진리이기 때문에 어떠한 검증이나 근거가 필요하지 않습니다. 마치 종교처럼 단단하게 자리 잡은 인지적 신념으로 인해 심리적 불안감을 재평가하고 새롭게 인식하기가 어렵습니다.

다시 말하지만 미움받는 일은 우리가 살면서 누구나 한 번쯤 겪는 일이고 또 언제든 일어날 수 있는 일입니다. 심리적 안정감이 있는 사람은 타인의 감정이나 평가가 실은 그 사람의 내면을 반영한 것일 뿐, 실제로 자신과는 크게 관련이 없다는 것을 잘 알고 있습니다. 중요하게 받아들이지 않기 때문에 그만큼 영향을 덜 받고,

그 감정에서 쉽게 빠져나옵니다. 하지만 불안감이 높은 사람은 누군가가 자신을 미워하면 자신이 책임을 져야 할 것 같은 비합리적인 압박감을 느낍니다. 또한 타인의 미움이나 거부를 공격이나 위협으로 받아들이고 깊은 상처를 입습니다.

불안감이 최고조에 달하면, 한 치의 오차도 없이 완벽한 평가를 받아야만 '안전하다'고 느끼죠. 누군가의 사소한 말 한마디에도 자신의 안전을 심각하게 위협받는다고 느끼기 때문에 어떻게든 부정적인 평가를 피하고 상황을 완벽하게 통제하려 합니다.

이제껏 자신이 주관적인 감정을 '사실'로 여겨 왔다는 것과 그로 인해 타인의 평가가 내면으로 침투해 상처를 주었다는 사실을 인식한다면, 이제는 주관적인 입장과 객관적인 입장을 유연하게 오가는 능력을 적극적으로 단련할 필요가 있습니다. 즉, 자신을 무기력한 시선에 가두거나 모든 일을 즉시 '내 탓'으로 연결 짓기보다 관찰자 혹은 제3자의 입장에서 상대의 말과 행동을 바라보면서 그 이면에 숨겨진 의도를 따져 보아야 합니다. 상대의 의도를 100% 명확하게 파악하지는 못하더라도 타인을 존중하는 태도와 인격을 갖춘 사람이라면 말을 가려서 할 줄 알고, 자신이 우위에 있다는 듯 함부로 판단하거나 지적하지 않는다는 사실 정도는 분별할 수 있습니다.

요컨대 상대의 감정(미움)은 그 사람에게 돌려주면 됩니다. 상대가 어떤 이유로 그런 감정을 갖게 된 건지 우리는 알 수 없지요. 만약 상대가 나와 좋은 관계를 맺길 원했다면, 무례하고 독단적인 방식으로 반응하거나 표현하지 않았을 겁니다. 어쩌면 상대방은 자기 삶에서 느낀 불만을 나에게 푸는 것일 수도 있고, 자신이 받은 공격과 상처를 떠넘길 희생양을 찾는 중일 수도 있습니다. 또는 부정적이고 폭력적인 언행을 아무에게나 무차별적으로 쏟아 내는 것일 수도 있지요. 이 모든 것은 내가 통제하거나 멈출 수 없는 일입니다.

만약 상대방의 생각을 바꿔야 한다는 책임감을 느끼고, 심지어 자신을 낮추거나 비위를 맞추면서까지 상대로부터 좋은 감정을 얻어 내려 하고 있다면, 이는 자기 자신을 고통의 구렁텅이로 밀어 넣는 것과 같습니다. 자신의 안정감을 조종할 리모컨을 아무런 의심 없이 상대방의 손에 넘겨주고, 그 사람 마음대로 나를 조종하도록 내버려 두는 꼴이지요. 심리적 안정감이 부족한 사람일수록 이러한 인과 관계를 명확하게 자각해야 합니다.

그리고 누군가가 나를 좋아하든 싫어하든 상관없이 우리는 모두 안전하게 존재하고 편안하게 활동할 수 있는 나만의 공간을 가질 권리가 있다는 사실을 믿어야 합니다. 그 누구도 나의 공간을 함부로 침범하거나 지배할 수 없습니다.

누군가가 나를 싫어한다는 걸 알게 되었다면, 다음과 같이 마음 다스리기 연습을 해 보세요.

- **스스로에게 말해 주기:** "그 사람에게는 나를 미워할 자유가 있고, 나는 나답게 살아갈 자유가 있어. 우리는 서로를 존중하되 선을 넘어서는 안 돼. 또한 나는 그 사람의 괴롭힘이나 모욕에서 벗어나 나를 보호할 권리가 있어."

- **명확하게 인식하기:** "그 사람 마음에 어떤 문제가 있어서 나에게 투사한 건지 나는 알 수 없어. 그건 내 책임이 아니야. 나는 그 사람의 감정을 책임질 필요가 없어."

- **스스로에게 단호하게 이야기하기:** "나는 내 할 일을 하고, 내가 바라는 모습대로 살면 돼. 다른 사람의 인생 과제까지 내가 짊어질 수는 없는 거야."

- **균형 잡고 조절하기:** "이 세상에는 나를 싫어하는 사람도 있지만, 나를 좋아하는 사람도 있어. 나는 내게 친절하고, 나를 존중하며, 나와 진심으로 소통하려는 사람들에게 관심을 기울이고, 그들과의 시간을 소중히 여기면 되는 거야."

비난받는 것에 대한 두려움

안정감이 부족한 사람, 즉 자신의 존재 가치를 의심하는 사람은 어릴 때부터 부모나 선생님 같은 윗사람에게 무시당하거나 질책 받았을 가능성이 높습니다. 마구 쏟아지는 언어 폭력을 겪으며 그들의 매정하고 공감 없는 태도를 그대로 내면화한 것이죠. 그래서 조금이라도 충돌이나 불화가 생기면, 자신이 비난의 대상이 될 거라고 여기기 때문에 가장 먼저 자신을 탓하는 태도를 보입니다.

'비난받는 일'에 대한 두려움과 걱정은 과거에 비난받았던 경험들이 그대로 얼어붙은 채, 해가 들지 않는 마음의 지하실에 갇혀 있기 때문입니다. 늘 꾸지람을 듣던 어린아이는 어른이 되어서도 또 혼날까 봐, 또 내 탓일까 봐, 또 무슨 잘못을 저지르게 될까 봐 불안에 떨며 전전긍긍합니다.

이처럼 어린 시절의 경험이 과도하게 조건화되면, 작은 잘못 하나에도 무시무시한 비난이 쏟아질까 봐 늘 두렵습니다. 매일같이 자신에게 문제가 있는 건 아닌지 되물으며 극심한 불안에 빠지죠. 이들에게 가장 두려운 상황은 사람들 속에 있는 것입니다. 조금도 긴장을 풀지 못하고, 다른 사람의 말과 표정을 살피며, 지금 무슨 일이 벌어지고 있는지 놓치면 안 된다는 압박에 놓이게 되지요.

'대인 관계에 민감한 유형'의 사람으로 성장하기도 합니다. 이 유형의 사람들은 민감하고 눈치가 빨라서 어떻게 해야 다른 사람의 기분을 상하게 하지 않는지, 또 어떻게 해야 환심을 사고 상대를 기쁘게 할 수 있는지 잘 압니다. 그렇다고 해서 내면이 안정되고 편안한 상태인 것은 아닙니다. 빠르고 민감하게 반응한다는 것은 오히려 내면의 극심한 불안과 걱정에서 비롯된 경우가 많기 때문이지요. 혹시라도 자신의 대처가 부족해서 다른 사람에게 비난받는 상황이 닥칠까 봐 몹시 두려운 것입니다. 또한 그런 자신에게 제일 혹독한 비난을 쏟아 낼 사람은 바로 자기 자신이기 때문에 이에 극도로 실망하고 분노하기도 합니다.

   부정적인 생각을 곱씹으며 자책하는 일은 불안감이 높은 사람에게 매일 반복되는 고통과도 같습니다. 이들의 내면은 '감정 조절', '자기 진정', '자기 수용' 기능이 빈약하기 때문에 자신을 따뜻하게 대하거나 보듬어 주기가 어렵지요. 평소 부정적인 생각을 곱씹고 자책한다면, 다음과 같이 마음 다스리기 연습을 해 보세요.

- **스스로에게 말해 주기:** "난 이미 최선을 다했고 충분히 노력했어. 그 사람이 나를 받아들이지 않거나 인정하지 않는 건, 그 사람의 가치관과 경험에서 나온 반응일 뿐이야. 거기에 내가 따르거나 동의할 필요는 없어."

- **스스로를 격려해 주기:** "잘못한 부분이 있다면 인정하고, 개선할 수 있도록 방법을 찾아보자. 자책만 할 게 아니라, 행동하는 데 에너지를 쏟아야 해."

- **자기 비난과 자기 부정을 도저히 멈출 수 없을 때는 최대한 빨리 알아차리고, 알아차리고 난 후에는 자신을 받아들이며 스스로에게 말해 보기:** "부정적으로 생각하는 회로가 또 자동으로 켜졌구나. 괜찮아, 나는 지금 이걸 조금 더 빨리 알아차리고 있어."

- **알아차렸다면, 이제 다른 활동으로 나를 이끌어 보기:** 자동으로 돌아가는 부정적인 생각에 더는 휘말리지 않도록 "멈춰!" 하고 외쳐 본다. 그런 다음에는 자기 자신을 위해 새로운 감정의 공간을 만들어서 긍정적인 감정을 경험해 보는 것도 좋다. 예를 들면, 좋아하는 취미 활동이나 마음이 편안해지는 활동을 하면서 마음을 달래는 것이다. 또는 조용히 호흡에만 집중하면서 부정적인 감정이나 생각이 일어나지 않게 연습하는 것도 좋은 방법이다.

무시당하는 것에 대한 두려움

　심리적 안정감이 부족한 사람은 어릴 때부터 자주 비교당했을 가능성이 큽니다. 자신이 우위에 있었든 그렇지 않든 비교의 대상이 되는 상황을 끝없이 겪은 거지요. 게다가 외모나 학업 능력, 집안 환경 등 다양한 면에서 대체로 부족하다는 평가를 자주 받아 왔다면, 타인과 비교를 당할 때마다 자신은 패배자라는 생각을 하게 됩니다. 이처럼 타인에게 무시받는 경험이 쌓이면, 이것이 마음에 응어리로 남아서 열등감이라는 그늘을 만들고 시종일관 그림자를 드리웁니다. 그래서 언제나 자신은 남보다 못하다는 생각에 사로잡혀 두려움 속에서 빛을 보지도 못한 채 살아가지요. 이는 지독한 질투심과 좌절감으로 이어지기도 합니다.

　이때, 열등감은 불안감의 근원이 됩니다. 자신은 보잘것없고 중요하지 않은 사람이라고 느끼기 때문에 무례한 취급을 받아도 반격할 힘이 없지요. 일단 누군가에게 무시당하는 순간, 자신은 아무런 가치도 없고 존중받을 만한 사람이 아니라는 뜻으로 받아들입니다. 그래서 타인의 거칠고 무례한 언행을 그저 감수할 수밖에 없다고 생각하는 거지요.

　이들은 늘 커다란 불안감을 안고 살아갑니다. 뛰어난 사람이나 권위자를 마주하거나, 심지어는 낯선 사람이 자신을 무시하거나 차별하는 듯한 태도만 보여도 열등감이 트리거가 되어 작동합니다. 순식간에 공포와 불안이라는 감정의 소용돌이에 휩싸이게 되지요.

열등감이 깊어지면 언제 어디서든 불안을 느끼게 됩니다. 일상적인 상황(외식, 쇼핑, 가족 모임)부터 공식적인 자리(면접, 시험, 세미나)에 이르기까지 언제나 자신을 하찮은 존재로 느끼는 위축된 마음이 그대로 드러나지요. 또한 다른 사람이 자신을 존중해 주지 않거나 무례한 태도로 대할까 봐 늘 두렵습니다. 그런 상황이 생기면 더 큰 수치심과 자괴감을 느끼기 때문입니다.

"그럼 무례한 취급을 받아도 무시하고 영향을 받지 않아야 한다는 뜻인가요?"라고 묻는다면, 당연히 그렇지 않습니다. 사람이라면 누구나 불친절하거나 차별적인 대우에 불쾌함을 느끼지요. 이때는 다음의 두 가지 질문에 중점을 두고 나의 내면을 잘 살펴보아야 합니다.

1. 불쾌감이 얼마나 오래 이어지는가?

내면에 안정감이 있고 열등감이나 수치심이 없는 사람이라면, 그때의 불쾌감은 단순히 그 순간 받았던 부당한 대우에 대한 일시적인 감정으로 여깁니다. 산책을 하거나 주변 사람에게 털어놓는 것만으로도 금방 해소할 수 있지요. 그러나 열등감이 있는 경우라면, 그 불쾌감은 일시적으로 기분 나쁜 감정에서 끝나지 않고, 어릴 때부터 쌓여 온 수많은 감정의 그늘을 함께 건드립니다. '나는 남보다 못해', '나는 존중받을 자격이 없어', '내가 별 볼 일 없는 사람이기 때문에 나를 깔보는 거야' 같은 부정적인 자기 신념이 꼬리에 꼬리를 물고 터져 나오지요. 이렇게 촉발된 자괴감은 매우 격렬한 분노와 원한으로 표출되기도 하고, 동시에 매우 깊은 슬픔과 상실감, 심적 고통으로 이어지기도 합니다. 그래서 불쾌한 감정이 단시간에 진정되지 못하고, 순식간에 폭탄이 터지듯 감정이 폭발하는 겁니다.

2. 타인의 잘못에 왜 내가 죄책감을 느끼는가?

내면에 안정감이 있는 사람은 상황을 침착하고 명확하게 파악하는 능력이 있습니다. 따라서 타인의 잘못된 행동은 그 사람의 문제라는 것을 이성적으로 판단하고 이해합니다. 타인의 악의적인 태도나 잘못된 행동을 자신의 낮은 지위나 부족한 배경 탓으로 돌리지 않지요. 만약 타인의 무례한 행동을 전부 자신의 지위, 배경, 조건 때문이라고 생각하게 된다면, 이는 우리가 속한 사회의 문화나 위계질서 등이 만들어 낸 인지 편향일 가능성이 높습니다.

인간관계를 상하 구도로 바라보면, 마치 과거 신분제 사회처럼 계급이 높으면 아랫사람을 함부로 대해도 된다고 생각하게 되지요. 이런 생각을 받아들이면, 속으로는 아무리 억울하고 화가 나도 대응하거나 경계를 세우지 못합니다. 자신의 존엄과 삶의 가치를 명확히 인식할 수도, 지켜 낼 수도 없게 되지요.

나를 존중한다는 건, 마음 깊은 곳에서 나의 존재를 있는 그대로 인정하고 그 자체로 가치가 있음을 받아들이는 것입니다. 우리는 무한한 경쟁과 쟁취의 게임에 휘말릴 필요가 없습니다. 나를 평가하는 편협한 기준에 지나치게 얽매일 필요도 없습니다. 우선 나의 존재를 긍정해 보세요. 이러한 자기 긍정이 내가 원하던 공동체를 차차 내게로 가까이 데려다줄 겁니다. 더불어 나의 잠재력을 펼치고, 고유한 삶의 이야기를 만들어 갈 수 있도록 함께해 줄 겁니다.

무시당하는 것에 대한 두려움을 갖고 있다면, 다음과 같이 마음 다스리기 연습을 해 보세요.

- **스스로에게 말해 주기:** "나는 소중한 사람이야. 나는 나의 가치를 인정해. 나는 존중받을 자격이 있어."

- **명확하게 인식하기:** "다른 사람이 나를 얕보거나 무례하게 대하는 건, 그 사람의 인격 문제야. 그 사람의 태도나 평가를 절대적인 가치인 것처럼 받아들일 필요도, 얽매일 필요도 없어."

- **더 넓은 시야로 바라보기:** 과거에는 한 사람의 가치를 판단할 때, 집안 배경이나 신분을 기준으로 판단하고 대우를 달리해 왔다. 그러나 이것은 계급주의의 결과물일 뿐이다. 만약 어떠한 의식이나 자각 없이 이러한 사회 분위기를 그대로 따르는 사람이 있다면, 이 또한 현실적으로 받아들여야 한다. 세상에는 이런 유형의 사람 또한 존재할 수밖에 없기 때문이다.

- **심리적 강인함 키우기:** 자신의 가치를 타인의 평가에 맡기기보다는 자기 자신을 존중하는 것부터 시작해야 한다. 자신의 권리를 무시하지 않고, 자신의 존재를 외면하지 않으며, 자기 능력과 가능성을 가볍게 보지 않는 것이다. 내 삶의 성장을 이끄는 핵심 동력은 타인의 인정이나 평가가 아니라 자신에 대한 믿음과 꾸준한 노력에서 나온다.

고립과 소외에 대한 두려움

세상에는 악의와 적의가 분명 존재합니다. 인간의 본성은 전적으로 선한 것이라고 믿어서는 안 되지요. 물론 타인의 악의나 적의는 대부분 나와는 무관하며 상대의 미성숙함에서 비롯되었을 가능성이 높습니다. 그러나 당사자는 그저 당황스럽고, 차마 받아들이기가 어렵지요. 특히 따돌림 같은 상황에 처하면 뇌는 강한 충격으로 이성적인 판단이 어려워지고, 스트레스로 인해 몸과 마음 모두 괴롭지요. 하지만 소외감이라는 그 거대한 감정의 소용돌이에서 자신을 '끌어내야' 합니다. 악의와 적의라는 블랙홀에 갇히거나 잠식당하지 않도록, 또한 나의 존재 가치를 부정하는 치명적인 착각에 빠지지 않도록 말이지요.

일부 악질적인 사람들은 "죽어 버려라!"는 식의 폭언을 내뱉으며 자신의 증오를 드러내기도 합니다. 이때 우리는 그들의 동기가 무엇인지 굳이 이해하려고 애쓸 필요가 없습니다. 특히 악플을 다는 사람처럼 전혀 모르는 사람이라면 더더욱 그렇지요. 그러나 이런 행동이 만약 학교나 직장에서 노골적으로 일어나고 있다면, 일단은 주변에서 이를 묵인하고 있는 탓도 있겠지만 그 사람의 감정이 이미 스스로 통제할 수 없는 수준에 이르렀음을 보여 주는 것이기도 합니다. 상황이 그대로 방치된다면, 언젠가 집단 전체가 무너질 수 있지요.

　비슷한 상황을 아동기나 청소년기에 겪는다면, 심각한 상처를 입게 됩니다. 오랫동안 같은 공간에서 머물러야 하는 시기적 특성상, 그 안에서 일어나는 지속적인 따돌림은 극심한 불안과 고통을 유발하지요. 성인이 되어 직장이나 더 큰 집단에 들어가서도 비슷한 두려움과 불안이 쉽게 되살아납니다. 심할 경우, 신체적·정신적으로 감당하기 어려운 불안 반응이 촉발되기도 하지요. 이럴 때는 우선 심호흡을 깊이 해야 합니다. 걷기나 가벼운 운동(계단 오르기나 조깅 등)으로 몸에 열을 내는 것도 어딘가에 갇혀 있는 듯한 느낌에서 벗어날 수 있도록 도와주지요. 따뜻한 차를 마셔 몸에 온기를 주는 것도 좋습니다. 몸을 활동적인 상태(유연한 움직임)로 유지하는 것이 매우 중요합니다. 몸을 쓰면 스스로 움직일 힘이 있다는 감각을 주어 무기력감에서 벗어날 수 있으니까요.

　뉴스나 온라인 공간에서 접하는 악의적이고 적대적인 태도 역시 마찬가지입니다. 때로는 신변의 안전을 위협하는 상황으로 이어지기도 하지요. 우리가 이런 상황에 정신적인 피로를 느끼고 충격을 받는 이유는, 우리가 평소 믿고 있던 세상과 너무나 다른 모습이기 때문입니다. 또한 인간이란 본래 이해 불가능한 일을 저지르기도 하는 존재라는 사실을 정면으로 직시하게 되기 때문이지요.

이처럼 악의와 적의를 마주하는 일이 많아질수록 나의 가치관이 흔들리지 않도록 사회적 지지를 확보하는 것이 중요합니다. 타인의 악의와 적대감을 그대로 내면화하여 자기 자신에게 또다시 상처를 주거나 무고한 사람에게까지 동일한 방식으로 해를 끼치는 일이 일어나서는 안 되니까요.

실제로 악의와 적의가 전염되고 되풀이되는 현상은 흔하게 일어납니다. 따라서 스스로 판단하고 사고할 수 있는 공간을 지킬 필요가 있습니다. 최대한 객관적인 거리를 유지하면서 악의적인 언행이 만들어 내는 정서적 소용돌이와 그 이면의 동기 및 맥락을 보다 냉정하게 인식해야 합니다. 또한 필요하다면 상대와의 접촉을 끊고, 소통의 통로를 차단하는 것도 유효한 전략이 될 수 있습니다.

이때는 감정의 경계선을 분명히 하는 것이 매우 중요합니다. 분위기에 휩쓸리지 않고, 나의 내면을 고요하게 유지하는 거지요. 그래야 나의 관점과 입장을 충분히 인식할 수 있으며, 먼저 상황을 평가한 후 결정을 내리는 자기 보호 전략을 취할 수 있습니다.

이제 우리는 분명하게 기억해야 합니다. 타인의 악의적인 행동을 맞닥뜨릴 때, 나를 지키는 가장 기본적인 방법은 적절한 거리를 두는 것입니다. 상대의 비위를 맞춰 주거나 잘 보이려고 애쓰는 방식으로 인정받고자 하는 태도 역시 버려야 합니다. 그런 방식은 결국 상대에게 더 많이 휘둘리고 통제당하는 결과를 초래할 뿐이며, 이러한 패턴은 끝도 없이 반복될 테니까요.

고립과 소외에 대한 두려움을 갖고 있다면, 다음과 같이 마음 다스리기 연습을 해 보세요.

- **스스로에게 말해 주기**: "다른 사람을 소외시키려는 사람에게 동조할 필요가 없어. 그건 악의적인 조종이나 마찬가지야. 그런 조종에 넘어가 가담하는 사람들의 동기는 알 수 없지만, 대부분은 그 속에서 위안을 얻거나 이익을 주고받으려는 거야. 가능하다면 나는 그 사람들과 거리를 두고, 피해자가 되지 않도록 나를 지켜야 해."

- **명확하게 인식하기**: 고립을 두려워하는 것은 인간에게 사회적 연결 욕구가 있기 때문이다. 그러나 사회적 연결의 상대가 반드시 지금 내 눈앞에 있는 사람일 필요는 없다. 나는 언제든 더 많은 사람들과 관계를 맺고 확장해 나갈 수 있으며, 나를 인정하고 지지해 주는 사람들을 만날 수 있다.

- **심리적 강인함 키우기**: 고립과 소외에 대한 두려움은 스스로를 무력하며, 외롭다고 여기는 인식과 연결된다. 자신이 생존에 불리한 조건을 갖고 있다고 생각할수록 고립이나 소외를 감당할 힘이 없을까 봐, 혹은 생존에 필요한 자원을 잃게 될까 봐 더욱 불안해진다. 이때 '나는 나 자신을 얼마나 하찮고 부족한 존재로 여기고 있는가?'에 대한 자기 성찰과 자각이 필요하다. 자기 성찰 뒤에는 나만의 역량을 키우고, 나만의 자원을 구축하며, 나만의 경험을 쌓는 데에 힘을 쏟아야 한다. 기본적인 자신감과 탄탄한 안정감이 있을 때, 그 이후에 따라올 성과와 피드백을 자양분 삼아 더 단단해질 수 있다.

타인을 상대하다 보면 순간적으로 불쾌감이나 방어적인 감정이 들 때가 있습니다. 대체로 상대방이 나를 인정해 주지 않거나 혹은 지지받지 못한다고 느낄 때지요. 그러나 사람과 사람이 만나면서 항상 서로를 긍정하고 인정할 수만 있을까요? 관점과 가치관, 경험은 저마다 다를 수밖에 없습니다. 따라서 우리는 타인의 의견을 그 사람의 관점이자 자기표현으로 받아들여야 합니다. 우리는 누구나 자신만의 관점과 견해를 가질 권리가 있습니다.

서로의 차이 속에서 기꺼이 상대에게 귀 기울이고 존중할 수 있다면, 가장 이상적입니다. 그러나 공감대를 찾을 수 없고 존중이나 소통이 어렵다면, 그 또한 그 순간의 사실일 뿐이니 그 일로 감정싸움을 이어 갈 필요는 없습니다.

관점은 어디까지나 관점일 뿐, 절대적인 진리는 아닙니다. 그저 하나의 시각일 뿐이며, 세상에는 언제나 다양한 시각이 존재하지요. 사실은 사실 그대로 받아들이되 다양한 각도로 그 사실을 해석하여 나만의 관점과 의미를 세워 나가야 합니다. 그렇게 스스로에게 의미 있는 해석을 만들어 나간다면, 우리는 누구나 자신만의 삶의 청사진을 그리며 살아갈 수 있을 것입니다.

상대에게 맞춰 가며 얻어 낸
사랑과 인정은 일시적이고,
기울어진 관계 속에서
상대의 눈치를 보거나 통제를 당하게 됩니다.

7장

안정감에 대한 흔한 착각들

안정감에 대한 가장 흔한 착각은 '안정감=안전'이라는 생각입니다. 이는 매우 심각한 인지 편향이자 잘못된 통념이지요. 왜 그럴까요? 예를 들어 보겠습니다. 반드시 남자가 곁에 있어야 '안정감'을 느낀다고 믿는 여성이 있다고 가정해 봅시다. 그런데 이 남자는 여자를 전혀 존중하지 않습니다. 오히려 폭력을 행사하고 말끝마다 욕설을 내뱉으며 사사건건 여자를 깎아내립니다. 여성이 강하게 원했던 '안정감'이 오히려 이 여성을 지극히 '안전하지 않은' 환경에 머무르도록 만들고 있습니다. 곁에 있는 파트너가 도리어 여성의 생명에 실질적인 위협이 될 수도 있는 상황인 거죠.

이번에는 반드시 수입이 있어야만 안정감을 느끼는 사람이 있다고 가정해 봅시다. 그는 자신의 생계를 위해 혹은 가족을 부양하기 위해 젊은 나이에 안정적인 직업을 찾았습니다. 비록 월급은 많지 않았지만, 직업상 큰 변동이 없는 데다가 수입 없이 생계를 유지해야 하는 곤궁한 상황을 겪지 않아도 되었죠. 이것은 그가 굳게 고수해 온 '안정감'의 기준이었습니다.

그러나 안정적인 수입이 보장된다는 점에만 매달린 탓에 산업의 변화까지는 알아차리지 못했습니다. 단순 작업이 기계로 대체되고 소비자의 수요 역시 줄어들고 있었지만, 그는 이 모든 변화를 전혀 인식하지 못했습니다. 안정감을 위해 같은 곳에서만 일해 왔던 그는 중년에 실직이라는 위기를 맞게 되었습니다. 직무 전환, 이직 같은 기회가 여러 번 있었지만 모두 외면했습니다. 자신이 오랫동안 추구해 온 '안정감'이 오히려 그를 직업적으로 지극히 '안전하지 않은' 상황에 몰아넣는 결과를 초래한 것이죠.

비슷한 사례는 셀 수 없이 많습니다. 이러한 예시들은 우리가 집착하는 심리적인 '안정감'이 때로는 외부의 객관적인 현실과는 무관할 수 있으며, 더 나아가서는 착오를 일으킬 가능성마저 높다는 것을 보여 줍니다.

이 세상에
'절대적인 안전'이란 없다

안정감을 지나치게 중시하거나 극단적으로 추구하는 사람들은 대체로 내면에 안정감이 매우 부족합니다. 같은 논리로, 내면에 진정한 안정감을 가진 사람들은 '안정감'을 얻으려는 목적으로 모든 일을, 심지어 사소한 것까지 일일이 통제하려는 모습을 보이지 않지요. 심리적으로 안정된 사람들은 불안한 감정에 휘둘리지 않기 때문에 성급하게 행동하거나 반응하지 않습니다. 어떤 결정을 내리기 전에 자신에게 충분한 시간과 공간을 허락하지요.

누군가는 '무언가 부족하니까 추구하는 것 아니겠느냐?'라고 반문할 수도 있습니다. 문제의 본질이 바로 여기에 있지요. 추구한다는 것은 무언가를 얻기 위해서입니다. 그렇다면, 온 힘을 다해 안정감을 추구한다면, 심지어 가까운 사람들에게 안정감을 달라고 요구한다면, 정말로 안정감을 얻을 수 있을까요? 내면 깊은 곳에 안정감을 탄탄히 쌓아 올릴 수 있을까요?

답은 '아니요'일 때가 많습니다. 물질적인 측면의 안정감은 그나마 실현 가능할지 모릅니다(물론 물질적인 안정감조차 갖추기 힘든 사람들도 존재합니다). 물질적으로 무언가 부족하다고 느낄 때, 이를 채우기 위해 노력하는 과정에서 일정 수준의 안정감이 따라올 수 있지요. 특히 '통장 잔고'처럼 가시적인 수치로 확인되면, 심리적으로 변화가 생기면서 안정감을 체감하게 될 가능성이 커집니다. 돈이 있어야 안정감이 있다고 믿는 사람은 실제로 자산이 늘어남에 따라 안정감을 체감하고 축적하게 되는 거지요.

반면 심리적인 안정감은 매우 아이러니한 측면이 있습니다. '심리'라는 것은 본질적으로 한 사람의 인지적인 이해와 감정 상태에 속하기 때문에 객관적인 사실과 무관하거나 현실에 부합하지 않기도 합니다. 따라서 심리적 안정감만을 기준 삼아 모든 일을 판단하려 한다면, 객관적인 사실과 증거를 무시하거나 부정하게 될 수 있지요. 실제 경험을 통해 진실을 이해하는 것이 아니라 자신의 느낌과 생각을 '진리'처럼 굳게 믿기 때문입니다.

객관적이지 않은 '불안감'은 마치 거대한 블랙홀과 같습니다. 안정감을 느낄 만한 요인은 무엇이든 삼켜 버리기 때문에 언제나 안정감이 부족하다고 여기지요. 아무리 주변에서 안정적인 조건과 요소를 제공해도 '안정감이 있다'는 사실을 온전히 느끼지 못합니다.

앞서 언급했던 사례, 곁에 남자가 있어야만 '안정감'을 느끼는 여성의 이야기로 돌아가 보겠습니다. 이 여성은 의지할 남자가 있어야 안정감이 있다고 믿지만, 사실 남자의 폭력과 무시, 모욕과 통제는 객관적으로 볼 때 안전한 환경이 아닙니다. 그러나 이 여성은 오히려 '스스로 독립해서 살아가는 일', '자신을 돌볼 능력과 직업을 갖는 일', 그리고 '자주성을 키우는 일'을 매우 '안전하지 않은 것'으로 인식하고 있을 가능성이 높습니다. 왜냐하면 이 여성에게는 그런 삶이 미지의 영역이며, 스스로가 자기 능력을 믿지 못하기 때문입니다. 게다가 관계가 끊어지거나 의지할 대상을 잃어버리는 상황 자체를 '매우 안전하지 않은 것'으로 규정해 버리기 때문에 진정한 심리적 안정감을 얻을 수 있는 요인이나 기회가 있어도 무시하게 되죠.

이번에는 건강 염려증이 있는 사람의 이야기를 해 보겠습니다. 이 사람은 다음과 같은 신념을 갖고 있습니다. '나는 언제든 병에 걸릴 수 있어. 병에 걸리면 얼마나 고통스러울지, 치료 과정은 얼마나 힘들지 너무 두려워서 마음이 늘 불안해. 아무리 내가 식습관과 청결에 신경 쓰고 온갖 건강 검진을 끝없이 받아도, 모든 검사에서 건강하다는 결과가 나온다고 해도, 여전히 불안하기만 해. 어느 날 갑자기 불치병에 걸릴지도 몰라. 내가 아무리 조심해도 내 뜻대로 되지 않을 거야.'

이는 '심리적 안정감'의 기이한 특성을 잘 보여 주는 사례입니다. 현실을 있는 그대로 받아들이지 못하고 모든 것을 완벽하게 통제하려는 시도를 멈추지 않으면, 심리적 안정감은 결코 높아지지도 채워지지도 않습니다. 반대로 과도하게 걱정하고 염려하는 습관을 멈추고, '모든 것을 내가 통제해야만 예기치 못한 어려움에 대처할 수 있다'라는 생각을 내려놓았을 때, 비로소 있는 그대로의 상황에 유연하게 대처할 수 있는 힘을 기를 수 있지요.

이처럼 역설적이고 복잡한 심리를 명확히 이해하기 위해서는 자기 자신과 대면하고 사유하는 과정을 거쳐야 합니다. 그러나 우리의 뇌는 너무나도 쉽게 '나도 알고는 있어, 하지만 못 하겠어!'라는 생각을 불러일으키며, 자기 대화와 성찰의 기회를 차단해 버리지요. 그래서 자기 내면과 깊이 소통하지 못하고, 겉으로 드러난 행동이 사실은 내면 깊은 곳의 상처와 두려움이 만든 왜곡된 신념의 결과라는 것을 깨닫지 못합니다.

우리가 어린 시절에 겪은 상처(이를테면 충격, 상실, 배신, 유기, 모욕, 폄하)는 심리적 불안감의 근원이 되고, 이후 시간이 흐르면서 점차 고정된 신념으로 굳어 버립니다. 세상은 무섭고, 위험하며, 수많은 위협과 감당하기 어려운 고통으로 가득한 곳이라고 믿게 되지요.

삶의 초기 단계에서 우리가 필요로 하는 안정감은 대개 중요한 타인이 주는 지지와 일관된 돌봄을 통해 형성됩니다. 그런데 그 중요한 타인이 오히려 심각한 상처와 삶의 격변을 불러오는 주체라면, 우리는 심리적·정서적으로 균열을 경험하면서 이는 통합할 수 없는 삶의 경험으로 분열되어 버립니다. 이에 '과연 타인을 믿어야 할까? 아니면 의심해야 할까?', '사랑하는 사람에게 다가가야 할까? 아니면 내게 상처 주는 그 사람을 멀리해야 할까?'와 같은 내적 갈등을 겪게 되지요.

내가 사랑하는 사람과 내게 상처 주는 사람이 동일 인물일 때, 아이는 감당할 수 없는 모순과 고통을 겪습니다. 심리적 불안감이 급격히 커지는 순간이기도 하지요. 이로 인해 파생되는 문제는 굉장히 다양하고 복잡합니다. 특히 사회에 나가 타인과 관계를 맺을 때 상대를 정확하게 분별하고 행동하기가 어려워집니다. '이 사람은 적일까, 친구일까?', '더 다가가도 될까, 아니면 멀리해야 할까?', '마음을 열고 받아들여야 할까, 아니면 상처받지 않도록 조심해야 할까?'라는 내적 갈등 속에서 매 순간 관계의 어려움에 직면하게 되는 거지요.

안정감을 다시 세우기에 앞서 우리는 이 세상에 '절대적인 안전'이란 없다는 사실을 인식해야 합니다. '완전한 안정감', '완벽한 안정감'을 바라는 마음이 클수록 오히려 가장 크게 고통받는 건 자기 자신(물론 주변 사람 포함)입니다.

삶의 안정감은 수많은 시간을 거치며 만들어집니다. 그 속에서 이따금 찾아오는 불안을 조절하고 포용할 수 있어야 합니다. 즉, 자신을 달래고 보살피면서 나에게 안전한 관계와 사회적 지지를 확보해 감정을 조금 더 편안하게 다스려야 하지요. 이것이 바로 진정한 안정감을 경험하게 하고, 삶을 건강하게 만들어 나가는 핵심 동력이 됩니다. 더불어 이제는 모든 것을 통제하려는 극단적인 생각에서 벗어나야 합니다. 또한 모든 불행의 가능성을 자신이 직접 막아야 한다는 생각도 내려놓아야 합니다.

이 세상은 본질적으로 완벽하지 않습니다. 어둠과 상처가 존재하며, 괴롭고 고통스러운 일이 언제든 일어날 수 있지요. 우리는 이 사실을 마음 깊이 받아들이고 이해할 필요가 있습니다. 물론 이 세상의 어둠과 상처는 공동체의 힘과 합의를 통해 조금씩 개선하고 바꿔 나가야 하지만, 구체적인 변화나 개선이 이루어지지 않더라도 우리 주변에는 여전히 고통의 현장에서 기꺼이 자신의 힘을 보태고 어려움을 함께 헤쳐 나가려는 사람들이 많다는 것을 기억해야 합니다.

인간은 본질적으로 연약한 존재이고, 세상은 불완전한 곳이며, 자연에는 인간의 이해를 뛰어넘는 힘과 변화의 속성이 있습니다. 이것이 우리가 서로 도우며 살아야 하는 이유입니다. 괴로움과 아픔이 찾아오면, 상처가 깊어지지 않도록 제때 서로에게 손을 내밀고 치유과 회복을 위해 노력해야 합니다. 이것이 바로 사회적 연대의 긍정적인 기능입니다.

사람과 사람 사이에 흐르는 선한 힘과 서로를 지지하는 힘을 신뢰하고 바라볼 수 있을 때, 그 믿음이 과도한 압박과 긴장 상태를 완화시켜 주고, '나는 혼자다', '나는 언제든 상처받을 수 있다'라는 불안감에서 벗어날 수 있게 해 줍니다. 더 나아가 과거의 상처로 인한 아픈 마음을 치유하고, 보다 건강하고 성숙한 존재로 다시 태어나 적극적으로 사람들과 어울려 살아갈 수 있도록 이끌어 줄 것입니다.

누군가를 잃었다는 사실만으로 우리 삶이 끝나지는 않는다

간혹 사람들이 지나치게 중시하는 '안정감'은 실제로는 생존의 위협과 무관한 경우가 많습니다. 설령 관련이 있더라도 중대하거나 끝없이 이어지지는 않지요. 예를 들어, 실연이나 이별을 하늘이 무너지는 듯한 고통으로 느끼는 경우가 있는데, 냉정하게 말하자면 이때의 고통은 객관적인 사실이라기보다 정서적인 충격에서 비롯된 것일 뿐입니다. 특정한 관계가 끝났다는 이유만으로 생존 자체가 불가능해지는 것은 아니니까요. 이러한 감정은 애착 관계가 끊어지는 과정에서 나타나는 것으로, '나는 혼자서는 살아갈 수 없다'라는 일종의 허상입니다. 마치 어린 시절에 부모를 잃을까 봐 두려워했던 마음과 유사하지요.

　아이일 때는 부모에게 전적으로 의지하면서 안정감을 보장받고자 하는 원초적인 욕망이 있고, 본능적으로 정서적 애착을 요구하게 됩니다. 그런데 만약 이런 의존적인 관계를 끊고 애착의 감정을 떼어 내려 한다면, 우리의 몸과 마음(뇌)은 강렬한 고통을 경험하게 되지요. 중요한 존재를 잃고 난 뒤 어떻게 해야 할지 몰라 극심한 불안과 두려움이 엄습해 옵니다.

　어린 시절에 중요한 존재를 잃는 고통을 겪고, 그 이후에도 시련과 상실을 반복적으로 경험하면, '상실이나 이별은 극도로 두려운 일'이라는 신념이 생깁니다. 그리고 그 믿음은 또 다른 존재와 멀어질 때마다 모든 것을 잃고 홀로 남겨지는 절망으로 연결됩니다. 마치 외로운 운명으로 정해진 것처럼 존재 자체가 무너져 내리는 충격을 경험하게 되지요.

　바로 이러한 경험들 때문에 실연이나 이별을 '치명적인' 위협으로 느끼는 것일 뿐, 실제로 그 감정이 생존의 위험으로 이어지지는 않습니다. 심리적 안정감이 있는 사람은 상실이 찾아와도 이를 품에 안고 삶을 지속해 나갑니다. 회복 탄력성이 있으면, 뜻대로 되지 않는 일을 겪더라도 계속 앞으로 나아갈 수 있지요. 그리고 그 과정을 통해 우리는 점차 성숙해지고, 단련된 삶의 꽃을 피워 냅니다.

실연이나 이별을 회피하면, 상대가 거짓과 조종을 일삼고 자신에게 상처와 해가 되는 행동을 해도 관계를 끊어 내거나 떠나지 못합니다. 실제로는 내면 깊숙한 곳에 자리한 어두운 감옥에 갇혀 있는 상태지요. 과거에 겪었던 상실의 경험이 거대한 공포와 위협으로 변질되어 마음속에서 명령을 내립니다. 지금 내 눈앞에서 나를 해하는 상대를 포함해 더 이상 그 누구도 잃어서는 안 된다고, 어떠한 상실도 더는 있어서는 안 된다고 말이지요.

이들 중에는 높은 학력과 뛰어난 업무 능력, 탄탄한 직장과 연봉 등 좋은 조건을 갖춘 사람도 있습니다. 현실적으로는 삶을 이어 가지 못할 이유가 전혀 없음에도 내면의 집요한 두려움과 위협감에 사로잡혀서 '실연이나 이별은 파괴적이고 치명적인 것'이라고 믿는 거지요. 그 때문에 판단력이 흐려진 것입니다. 누군가를 잃었다는 사실 자체만으로 우리의 삶이 끝나지는 않습니다. 하지만 고통과 두려움, 불안을 만들어 내는 왜곡된 신념은 우리 삶에 파괴적인 영향을 미칠 수 있습니다.

성장 과정에서 정서적 트라우마와 상실을 경험하면, 자신의 존재에 의심을 품게 됩니다. 안정적인 양육 환경이나 정서적인 지지를 주는 중요한 타인으로부터 '나의 존재는 중요하다', '나는 가치 있는 사람이다', '나는 인정받는 존재다'라는 확신을 꾸준히 얻지 못하기 때문입니다. 수시로 쏟아지는 부정과 비난, 무시, 비웃음, 그리고 의심의 말들은 사람들 사이에서 언제나 놀란 새처럼 불안에 떨게 만들고, 주변 사람이 조금만 '비우호적'으로 대해도 예민하게 반응하며 긴장과 두려움을 느끼게 만듭니다. 또한 특정 감정을 과도하게 부풀려 해석하면서 언제 어디서든 자신이 '위협적'이고 '적대적'이라고 인식하는 요소들을 끝없이 감지하게 만들지요.

따라서 어릴 적 정서적 결핍을 경험하고 존중받지 못했던 사람들은 성인이 되어서도 대인 관계에서 자신의 감정이 충분히 인정받고 있는지 민감하게 살피고 집착하게 됩니다. 상대의 태도나 반응이 조금이라도 실망스럽거나 자신의 기대에 부합하지 않으면, 그 즉시 슬픔에 빠지지요. 심하면 격렬한 수치심과 열등감을 느끼면서 '왜 나는 다른 사람들에게 제대로 된 대우를 받지 못할까? 왜 다른 사람들은 나를 함부로 무시할까?'라는 생각에 빠져 분노를 품게 됩니다.

해결되지 못한 채 마음에 남아 있는 응어리는 복잡하게 뒤엉켜 있는 감정의 결과물입니다. 쉽게 풀리지 않는 감정의 매듭이 머릿속을 겹겹이 에워싸고 있기 때문에 이성적인 사고를 가로막지요. '반드시 그래야만 한다'는 집착에 갇혀 상황을 유연하게 해석하고 대처하는 능력을 잃어버립니다. 그 집착은 다음과 같은 형태로 나타납니다.

- 관계 속에서 내가 항상 최우선으로 고려되고 있는지 확인해야 한다.
- 관계 속에서 내가 언제나 존중과 보살핌을 받고 있는지 확인해야 한다.
- 어떤 상황에서도 나는 절대 무시당해서는 안 되며, 즉각적인 반응을 얻어야 한다.

즉, 나의 존재가 인정받고 있다는 근거를 끊임없이 확인해야만, 그리고 내가 무시당하지 않을 거라는 보장이 있어야만, 비로소 안전하다고 믿습니다. 그래야 어떤 감정적인 불편함이나 불쾌감, 좌절감 없이 마음이 평온해지고, 자신의 존재가 안전하게 보호받고 있다는 느낌을 받는 거지요.

강한 집착, 즉 객관적이고 유연한 이해나 평가의 과정 없이 오로지 나의 필요와 기대를 충족시키기 위해 타인을 통제하려는 시도는 어린 시절에 품었던 욕망과 연결됩니다. 부모가 나를 따뜻하게 보살펴 주기를, 내게 가장 편안하고 풍족한 환경을 제공해 주기를, 주변 사람들이 나를 중심으로 나만 사랑하고 보호해 주기를 바라는 마음이지요.

본질적으로 어린 시절의 상상과 기대는 비현실적이기 때문에 이런 방식으로는 진정한 안정감을 형성하기가 어렵습니다. 하지만 아이는 발달 단계상 아직 애착 욕구가 강하므로 자신을 타인과 독립된 개체로 명확히 구분하지 못합니다. 그래서 자신의 즐거움과 만족감이 주변 사람에게 달려 있다고 믿지요. 그들이 무관심하거나 냉담하게 대하면, 아이는 자신이 곤경에 처했다고 느끼고 온갖 부정적인 감정에 시달립니다. 심하면 강렬한 고통, 슬픔, 분노와 원한의 감정까지 경험하기도 하죠.

아이는 점차 다른 사람의 눈치를 살피고 상대의 요구에 따르는 등의 행동을 통해 자신이 원하는 것을 얻어 내는 방식을 자연스럽게 터득해 나갑니다. 이것은 사회에서 살아가려면 필연적으로 배우게 되는 '교환 행위'로, 반드시 필요하고 또 실제로 늘 일어나는 일이기도 합니다. 그러나 대인 관계에서 심사숙고 없이 이러한 교환 행위가 당연하다는 듯 사용된다면 어떻게 될까요? 특히 연인이나 부모-자식, 절친한 친구 사이처럼 중요한 관계에서도 끊임없이 교환 행위가 이루어진다면요? 이는 곧 상대를 '통제'하거나 '조종'

하는 수단으로 변질될 수 있습니다.

흔히 다음과 같은 표현으로 드러납니다. "나한테 …을 해 주지 않으면, 나도 너한테 …을 안 해 줄 거야", "내 말대로 하지 않으면, 너한테 …을 할 거야" 혹은 "내가 왜 네 말대로 해야 해? 그럼 너도 …을 해 줘야지"와 같이 상대의 행동을 자기 뜻대로 통제하려는 시도로 나타나지요. 이러한 상태로 오랜 시간이 흐르면, 이 관계는 점차 비난, 불만, 통제, 위협으로 가득 차 우리가 흔히 말하는 '불안정한 관계'가 되어 버립니다.

다른 사람의 기분과 행동을 통제하려는 것은 누구나 자신만의 방식이 있고, 그 경계를 넘으면 안 된다는 사실을 부정하는 것입니다. 동시에 자기 능력을 과대평가하여 상대가 언제나 나의 통제 속에서 내가 기대하고 생각한 대로 반응할 것이라는 착각과도 같습니다. 이러한 행동이 반복되면, 강한 통제 욕구와 조종에 대한 중독으로 이어지고 독립적인 존재로서 타인이 지닌 개성을 완전히 무시하게 되지요. 결국, 통제하면 할수록 불안해지고, 불안할수록 더 통제하게 되며, 통제가 이어질수록 갈등이 생기고, 갈등이 생길수록 더 통제하고 싶어지는 악순환을 만듭니다.

가정에서 학교, 직장에 이르기까지 오랫동안 우리 사회는 계층과 권위를 중시했습니다. 이런 수직적인 구조하에서 관계는 대부분 조종과 위협의 방식으로 움직일 때가 많았고, 아랫사람은 윗사람의 뜻에 따라야만 하는 존재로 여겨졌습니다. 즉, '내가 무얼 시키든 반드시 내 말을 따라야 하며, 다른 의견은 있을 수 없다'라는 식의 태도가 당연시되었지요.

이처럼 권위적이고 폐쇄적인 가정이나 조직에서 오래 생활하다 보면, 자신도 모르게 이러한 태도와 행동을 당연하다는 듯 그대로 답습하게 됩니다. 서열 중심의 사고방식과 타인을 통제하는 습관이 이미 내면화되었기 때문에 아랫사람을 만나면 똑같은 방식으로 그들을 대하지요. 과거에는 자신의 지위가 낮아서 상대에게 통제를 당했지만, 자신의 지위나 권력이 누구보다 높다고 판단되는 순간, 자신보다 아래에 있는 사람을 통제하고 조종하려 드는 것입니다.

과거에는 연줄을 만들고 관계를 소모적으로 이용하는 일이 흔했습니다. 그러나 이는 '사람'과 제대로 소통하고 관계 맺는 방식이라고 할 수 없지요. 타인과 어떻게 상호 작용하고, 어떻게 서로를 이해하며, 어떠한 태도로 관계를 이어 가야 하는지 전혀 모르거나 심지어는 그럴 역량조차 부족한 경우도 많습니다. 타인을 통제하고 조종하는 것은 그 사람의 마음에 '사람'은 없고, 오로지 자신의 의도, 목적, 필요만 존재한다는 증거입니다. 그 끝에는 결국 '통제를 받아들이는' 사람과 자신에게 '의지하려는' 사람만 곁에 남을 뿐, 온전하고 진실한 인격체로서의 '사람'은 남지 않을 것입니다.

다른 사람을 통제하려는 마음을 내려놓을 때, 노심초사하며 불안해하는 마음에서도 벗어날 수 있습니다. 이는 굳이 집착할 필요가 없는 불안감의 한 형태이며, '상대가 내 뜻대로 하지 않으면 나는 안정감을 느끼지 못한다'라는 잘못된 믿음을 무한 반복하는 일입니다. 이와 같은 신념에 빠져 있으면 자신이 중요하게 여기는 사람일수록 더욱 통제하고, 상대가 자신의 기대를 충족시키도록 끝없이 요구하게 됩니다. 그렇지 않으면 불안과 초조를 억제하지 못하고 드러내게 되지요.

겉으로는 누군가를 통제하려는 의도가 없었다고 부인할지도 모릅니다. 그러나 실제로는 자신의 감정을 앞세워 상대를 지배하거나 자신의 불안감을 명분 삼아 상대를 조종하는 것이지요. 이러한 방식은 다른 사람을 진심으로 알아 가려는 태도와는 거리가 멉니다. 진정성 있고 건강한 경계를 가진 관계를 만들고자 하는 노력, 그리고 평등과 존중을 바탕으로 서로를 배려하며 함께 지내는 방법을 배우려는 노력이 필요합니다.

건강한 관계를 원한다면
내 마음의 진짜 동기부터 자각하라

신뢰와 배려가 깃든 관계를 잘 맺을수록 진실성 있고 일관된 감정을 나눌 수 있으며, 그만큼 우리 내면의 안정감도 함께 자라납니다. 서로를 솔직하게 대하고 서로의 말을 귀 기울여 들으며 이해하려는 태도를 가질 때, 비로소 갈등이나 대립에 대한 두려움 없이 관계 안에서 편안하게 나 자신으로 존재하고, 진정한 친밀감을 경험할 수 있지요.

관계 안에서 내가 보이는 행동이 상대를 통제하기 위한 것인지, 아니면 진심에서 우러나온 것인지 파악하려면, 우선 내 마음의 진짜 동기가 무엇인지 자각해야 합니다. 관심과 존중과 같은 긍정적인 감정을 바탕으로 상대의 처지를 이해하고 공감하려는 것인지, 아니면 관계에 대한 걱정과 두려움에서 비롯된 것인지 구별해 보는 겁니다. 만약 걱정과 두려움이 원인이었다면, 마음이 온통 초조함과 불안함으로 가득 차서 온갖 부정적인 해석과 상상을 쏟아내고 다양한 비난의 목소리들이 생겨나겠지요. 자신의 내면 시스템이 어떤 방식으로 어떤 과정을 거쳐 작동하는지 자세히 들여다볼 수 있다면, 내 마음의 동기를 파악하는 일은 그리 어렵지 않습니다.

행동과 태도를 살펴보는 것으로도 동기를 충분히 구별할 수 있습니다. 배려하는 사람은 대체로 귀를 기울이고, 상대의 상황을 이해하려 노력하지요. 경솔하게 판단하거나 '너는 이렇게 해야 한다'라는 식으로 지시하지 않습니다. 반면, 걱정이 동기가 된 경우에는 태도가 객관적이지 못하고, 더 나아가서는 자신의 과거 경험이나 가치관을 상대에게 주장하기 쉽습니다. 자기 생각과 방식만이 '유일한' 정답이자 올바른 길이라고 여기면서 상대가 무조건 자신의 의견대로 행동하도록 강요하지요. 개인의 개별성과 각자가 가진 조건, 성격, 경험 등이 모두 다르다는 사실은 무시한 채, 일부만으로 전체를 판단하는 것입니다.

심리적 안정감을 세우기 위해서는 건강한 관계를 맺는 경험을 쌓아 가는 과정이 필요합니다. 이를 위해 적절한 거리를 유지하면서 지나치게 간섭하거나 통제하지 않아야 합니다. 자신의 심리적인 경계를 스스로 지켜 낼 수 있다는 믿음과 능력 또한 필요하지요. 이러한 능력은 '통제'와 '지배'를 통해서는 절대 얻을 수 없습니다.

다른 사람을 통제하려는 마음을 내려놓을 때,
불안해하는 마음에서 벗어날 수 있습니다.

8장

안정감은 정말 회복될 수 있는가

자기 결정 이론*은 자율성, 유능감, 관계성이라는 기본적인 심리 욕구가 우리의 내적 동기와 심리에 매우 중요하다고 강조합니다. 이 이론의 틀에서 보면, 심리적 안정감은 자신이 이 기본 욕구를 충족시킬 수 있다는 믿음과 사회에서 자기 결정 능력을 효과적으로 발휘할 수 있다는 자신감으로 이해할 수 있습니다. 자신이 타인에게 받아들여지고, 어떤 일도 해낼 수 있으며, 자기 삶을 스스로

- 참고 문헌: Ryan, R. M., & Vansteenkiste, M. (2023). Self-determination Theory: Metatheory, Methods, and Meaning. In R. M. Ryan (Ed.), *The Oxford Handbook of Self-determination Theory* (pp. 3–30). Oxford University Press.

통제할 수 있다고 느낄 때, 더 큰 안정감과 자신감이 생긴다는 뜻이지요.

안정감은 우리가 주변 환경을 인식하고 해석하는 방식에 일정 부분 뿌리를 두고 있습니다. 외부에서 들어오는 정보를 효율적으로 처리하고, 이를 일관되고 의미 있는 세계관에 통합할 수 있을 때 우리는 안정감을 경험합니다. 여기에는 미래에 대한 예측과 과거 경험에 대한 해석, 그리고 현재 상황에 대한 이해가 모두 포함됩니다. 반면, 자기 생각과 부합되지 않는 패턴이나 자신이 이해하고 해석한 것과 커다란 차이가 있을 때는 인지 부조화가 발생합니다. 심하면 기존에 갖고 있던 생각의 틀이 무너지고 정체성의 혼란을 겪기도 하죠.

안정감의 손상 혹은 결핍은 여러 가지 트라우마적인 요소가 얽힌 복잡한 문제입니다. 단기간에 회복하고 재건할 수 있는 지름길이란 없지요. 하지만 자신의 상황을 인식하고, 의식적으로 자신을 관찰하면서, 내면의 작동 시스템을 재구축해 나가려고 노력한다면 희망이 있습니다. 비록 변화는 매우 더딜지라도 점차 안정을 찾아 갈 수 있습니다.

생애 초기에 만들어진 논리의 오류 바로잡기

안정감을 회복하는 과정에서 비교적 오랜 시간이 필요한 과제는 생애 초기에 만들어진 논리의 오류를 바로잡는 일입니다. 이는 개인의 근본적인 믿음 체계에 속하는데, 객관적이고 이성적인 사고 능력이 부족했던 어린 시절에 잘못된 데이터가 입력되어 버린 것이지요.

  어린 시절 중요한 관계에서 상실이나 상처를 많이 겪을수록 정서적 연결은 약해지고 끊어집니다. 당시 느꼈던 충격, 불안, 고통, 슬픔 등의 감정이 신념으로 굳어지면서 주로 나 자신과 세상에 대한 평가, 가치감, 감정과 관련해 내면에 비이성적인 믿음을 형성합니다. 그리고 훗날 다른 사람과 관계를 맺을 때, '관계에 대한 불안감'으로 모습을 드러내지요. 이제라도 잘못된 신념을 바로잡아야 합니다. 우리는 누구나 나이, 성별, 직업, 집안 배경, 경제력 등과 관계없이 기본적으로 '생존의 안전'을 보장받고 있지요. 그 누구도 생명의 위협이나 타인의 정신적 억압 혹은 폭력에 노출되어서는 안 되며, 생존권을 보장하는 헌법이 있는 사회에서 한 사람 한 사람의 존재와 안전은 보호를 받습니다.

자기 가치감과 삶에 대한 긍정을 잃어버린 사람들은 이런 말을 하기도 합니다. "그건 그저 뜬구름 잡는 소리일 뿐이야. 나는 살아가는 매 순간이 불안해. 다른 사람이 나를 외면하고, 무시하고, 버릴까 봐 늘 조마조마해. 다른 사람이 주는 상처가 내게는 무엇보다 생생한 현실이야." 만약 나의 모습과 겹친다면, 잠시 마음을 차분히 가라앉히고 의심 없이 믿고 있는 이 말들을 가만히 살펴봐야 합니다. 이 말들은 궁극적으로 내게 무엇을 설득하려는 걸까요? 내가 어떻게 하길 바라는 걸까요? 과연 나를 어디로 이끌고 가려는 걸까요?

우리는 누구나 저마다 좋아하는 것과 싫어하는 것이 있습니다. 그러므로 다양한 생각과 가치관이 존재하고 취향이나 선택 또한 다를 수밖에 없지요. 이러한 다양성을 누리며 어느 것을 선택할지 결정하는 것은 누구에게나 보장된 권리이자 자유입니다. 타인의 생명에 해를 끼치지 않는 한, 우리는 누구나 자신이 원하는 삶의 방식을 선택할 수 있습니다. '길이 다르면 함께 가지 않는다'라는 말이 있는 것처럼 각자의 길 또한 존중받아야 하지요.

즉, 타인의 인정이나 사랑을 받지 못한다고 해서 내 삶이 당장 위험해지거나 나의 존재 가치가 사라지지는 않습니다.

만약 과거에 '말 잘 들어야 해. 네 의견을 내세우면 안 돼. 미움을 받아서도 안 되고, 모든 사람에게 사랑받아야만 해. 그렇지 않으면 너는 존재할 자격이 없고, 이 집에서 살 권리도 없어'라는 식의 생각을 가정에서 주입받았다면, 어른이 되어서도 자유롭지 못합니다. 늘 타인의 표정과 태도를 살피고, 타인의 감정이나 생각에 민감하게 반응하게 되는 것이지요.

마치 주문처럼 작동하는 이 신념에서 언제쯤 스스로 벗어날 수 있을지 단언할 수는 없지만, 변화를 위해서는 전제 조건이 필요합니다. 생애 초기에 만들어진 이 신념이 어떻게 나의 인지와 감정을 왜곡시켜 왔는지, 그 결과 내가 얼마나 오랫동안 나의 존재 가치와 안전을 타인에게 달린 것으로 잘못 믿어 왔는지 정확하게 바라보고 깨닫는 것입니다.

이 잘못된 믿음은 우리 삶을 악순환에 빠뜨립니다. 어떤 환경에서든, 누구를 만나든 '나는 타인에게 사랑받고 만족을 주어야만 존재할 자격이 있어. 타인에게 인정받지 못하면 버려질 거야'라는 생각을 품게 되지요. 또한 이러한 사고방식은 결국 '나는 모든 것에 동의하고 순종할 수밖에 없어'라는 왜곡된 결론으로 이어지고 맙니다.

이 과정에서 내가 가진 내면의 힘은 사라져 버립니다. 갈등이나 충돌이 있더라도 대처할 수 있다는 믿음, 독립적인 자아로 우뚝 서고, 자신감을 가진 사람이 될 거라는 믿음까지 모두 잃어버리게 되지요.

자신감은 막연한 상상만으로 생겨나지 않습니다. 문제에 대처하는 능력을 단련하는 과정이 필요하지요. 이때 자신에 대한 긍정적인 인식과 자신을 지지하는 태도가 반드시 동반되어야 합니다. 자신감을 키우고자 하면서도 그 과정에서 계속 자신을 깎아내린다면, 막 쌓이려던 자신감마저 무너져 내리고 말 테니까요.

자기 존재 가치에 대한 확신을 다져 나가는 일은 잠시 미뤄 두더라도 우선은 내 안에 잘못 만들어진 논리 구조를 알아차리고, 깊이 성찰하며, 스스로 바로잡아야 합니다. 잘못된 논리를 수정하지 않으면, 마치 오류가 있는 프로그램을 작동시킬 때처럼 계속해서 오답만 도출될 것입니다.

이미 오래전에 주입되어 버린 잘못된 정보로 인해 내 안에서 '너는 결함이 있는 존재', '너의 존재 자체가 잘못', '타인의 인정을 얻지 못하면 쓸모없는 존재'라는 생각이 끊임없이 든다면, 프로그램 코드를 수정해야 합니다. 소프트웨어 회사가 정기적으로 프로그램을 업데이트하는 것처럼 말이지요. 만약 그대로 내버려 둔다면, 이 프로그램은 계속 오류를 일으키다가 결국에는 다운되어 아무것도 할 수 없게 될 것입니다.

이제는 다음과 같은 문제를 생각해 보아야 합니다. 나에게도 이렇게 잘못 설정되어 버린 믿음이, 특히 나의 존재 가치를 갉아먹는 믿음이 있다면, 어떻게 수정할 수 있을까요? 이 논리의 오류를 알아차릴 수 있을까요?

잘못된 논리를 수정하기 위한 핵심은 나의 동의나 인정 여부와 관계없이 '누구나 자기만의 생각과 주장을 가질 권리가 있다'라는 사실을 이해하는 데 있습니다. 마찬가지로 타인의 동의나 인정 여부에 상관없이 나에게도 나만의 생각과 주장을 가질 권리가 있지요. 상대의 말이나 관점에 동의하지 않더라도 상대를 여전히 존중하는 것, 그리고 상대방이 나의 말이나 관점에 동의하지 않더라도 그 때문에 나의 입장을 쉽게 바꾸지 않으며 나의 권리와 자유를 포기하지 않는 것, 이것이 바로 나 자신을 존중하고 독립성을 지키는 길입니다.

서로를 존중하고, 자유롭게 대화할 수 있는 관계는 무척이나 소중합니다. 기꺼이 에너지와 시간을 쏟을 가치가 있지요. 반대의 경우라면, 불필요한 힘겨루기나 에너지 소모를 줄이고, 그렇게 아낀 에너지를 자신이 원하는 관계나 기회를 탐색하는 데 쓰는 것이 좋습니다. 중요한 것은, 나에게 긍정적인 영향을 주는 관계와 환경을 분별하고 선택함으로써 '반드시 누군가에게 인정받고 사랑받아야만 내 가치가 증명되고 내 존재를 긍정할 수 있다'라는 강박에 빠지지 않는 것입니다.

나의 연약함과 한계 인정하기

자기 존재의 가치를 점진적으로 체감해 가는 한편 취미 활동에 몰두하고 소속감을 느낄 수 있는 공동체를 찾게 되었다면, 이는 과거의 정서적 트라우마가 어느 정도 회복되고 있다는 명확한 징후입니다. 지난날의 상처에 지나치게 얽매이는 일이 줄어들고, 현재 삶의 만족도를 높이는 데 에너지를 집중하게 된 거지요.

규칙적인 신체 활동은 신체 기능의 개선에도 도움이 되지만, 스트레스 감소와 기분 전환에도 효과적입니다. 빛이 들지 않는 어두운 방에 자신을 더 이상 가두지 않고, 맥없이 움츠러들거나 기운 없이 늘어져 있는 일 없이 편안하게 산책을 즐길 수 있게 되었다면, 내면에 어느 정도 안정감이 갖춰지고 있다는 신호로 볼 수 있습니다.

사람은 안정감이 있어야 비로소 행동에 힘이 실립니다. 불안하거나 두려울 때는 두 다리가 덜덜 떨리고 힘이 빠지며, 두려움이라는 감정에 지배당하죠. 따라서 내가 안정감을 어느 정도 가졌는지 알아보려면, 나의 행동이 얼마나 자유로운지 살펴보아야 합니다. 혹시 아직도 과거처럼 과민한 불안 반응에 휘둘리고 있지는 않나요? 손발이 저릿하거나 뻣뻣하지는 않나요? 이는 몸과 마음이 긴밀히 연결되어 있다는 것을 보여 주는 아주 명확한 신체적·심리적 반응입니다. 비록 의식적으로는 두려움도 걱정도 없다고 부인하거나 감추려고 해도 우리 몸은 언제나 정직하게 반응하지요. 이런 몸의 반응을 무시하고 자신을 돌보지 않으면, 내면 깊이 억눌린 불안감에 지배를 받아 직면해야 할 문제를 미루거나 회피하기 쉽습니다.

자신이 연약함과 한계를 지닌 평범한 인간임을 받아들이면, 스스로를 더욱 지지하고 너그럽게 받아들이게 됩니다. 이때 나의 감정을 경험할 수 있는 내면의 공간이 훨씬 넓어지죠. 이는 마치 감정을 여유롭게 담아낼 커다란 방과 같아서 감정이 갑자기 몰려와도 숨이 막히거나 짓눌리지 않게 됩니다. 나의 감정을 그대로 포용해 준다면, 내가 느끼는 감정에는 분명한 맥락과 이유가 있다는 사실을 인식할 수 있게 됩니다. 이처럼 나의 감정과 경험을 이해하는 동시에 내가 속한 사회의 현실을 있는 그대로 볼 수 있게 될 때, 비로소 한 인간으로서의 나 자신도 자연스럽게 이해할 수 있게 됩니다.

이제 새로운 관계로 나아갈 때

회복의 여정을 천천히 이어 가면서 자신을 더 깊이 들여다보고 받아들인 뒤에 스스로 준비가 되었다고 느껴지면, 그때 의식적으로 새로운 인간관계를 시작해 보아도 좋습니다. 단순히 위안을 얻기 위해 아무나 성급하게 만나기보다는 어떻게 하면 안정적이고 의미 있는 관계를 맺을지에 집중해야 합니다.

새로운 인간관계는 건강한 방식으로 상호 작용하는 법을 연습할 수 있는 기회를 제공합니다. 이를 위해서는 복잡한 정보를 처리하는 기술과 성숙한 소통 방식을 동시에 익혀야 할 수도 있습니다. 상대에 대한 존중과 안정감 있는 태도, 이해와 반응을 기반으로 소통한다면, 보다 유익한 관계를 만들어 갈 수 있지요. 또한 관계 안에서 발생하는 갈등에 대처하는 능력이 향상될수록 안정감도 자연스럽게 자라날 것입니다.

    사실 우리가 자주 느끼는 불안감은 타인과 관계 맺고 소통하는 과정에서 비롯될 때가 많습니다. 갈등이 생기고 종종 감정이 격해지면, 격렬한 말다툼이나 감정적 억압과 같은 파괴적인 상호 작용을 경험하게 되지요. 바로 이러한 경험들이 안정감을 손상시키고, 결국에는 몸과 마음의 건강까지 해치는 결과를 초래합니다.

회복의 여정을 앞둔 당신에게

살면서 매 순간 안정감을 얻으려 애쓸 필요는 없습니다. '반드시 안정감이 있어야만 해. 그렇지 않으면 아무것도 할 수 없어'라는 집착이 오히려 불안을 키우기 때문이지요. 또한 이 불안감은 앞서 언급했듯이 진짜 '생존의 안전'과는 관련이 없습니다. 실제로 위험한 사고가 발생하지 않았음에도 우리는 뇌가 상상해 낸 끔찍한 상황에 놀라거나 충격을 받기도 하니까요.

안정감을 구축하는 일은 단순한 기술이나 능력만으로 되지 않습니다. 양육자나 교사들이 아이의 심리 발달에 나쁜 영향을 주지 않도록 충분히 공부하고 관심을 쏟아야 하는 이유이기도 하지요.

그러나 아무리 아는 것이 많고 자격을 갖추었다고 해도 아이의 안정감을 제대로 만들어 줄 수 있다는 보장은 없습니다. 심리적 안정감을 세우는 일이 얼마나 복잡하고 어려운 과제인지 알 수 있는 대목이지요.

내면에 심리적 안정감을 다시 세우고 자신에 대한 신뢰와 가치감을 쌓아 나가려면, 일단 이것이 쉬운 일이 아니라는 점을 받아들여야 합니다. 단번에 해결할 방법이 있을 거라는 비현실적인 기대를 품는다면, 오히려 작은 장애물이나 충격에도 쉽게 좌절할 위험이 있습니다.

안정감을 다시 세우는 과정에서 언제든 불안이 모습을 드러낼 수 있습니다. 불안이 느껴질 때는, 그저 신경 회로가 빠르게 작동하면서 몸과 마음으로 자연스럽게 반응이 나타나는 것일 뿐, 실제로 위험에 처한 것이 아니라는 점을 반드시 기억해야 합니다.

나의 불안감과 새로운 방식으로 관계 맺기 시작할 때, 불안을 조절하는 게 가능해지면서 서서히 평온을 찾게 됩니다. 더 이상 불안감에 지배당하거나 조종당하지 않게 되지요. 감정의 파도에 휩쓸리지 않고 중심을 지키는 경험에서 생겨나는 자신감과 확신이 곧 진정한 '안정감'으로 이어집니다.

전반적으로 볼 때, 심리적 안정감을 세운다는 것은 상처받고 조각난 내면을 하나로 모아 온전한 나를 만드는 일입니다. 즉, 자신의 존재를 믿고 어떤 어려움을 만나도 감당할 수 있는 회복 탄력성이 내 안에 있다는 사실을 믿는 거지요. 심리적 안정감을 세우는 과정은 문제를 있는 그대로 직시하고 해결하려는 시도에서 시작됩니다. 잘 풀리지 않더라도 그 안에서 배우고, 과거에는 써 보지 않았던 새로운 능력을 펼쳐 보는 겁니다. 이러한 시도가 쌓여 가면서 더 이상 과거의 경험에 얽매이지 않는 나 자신을 발견하게 될 겁니다.

사람은 안정감이 있어야 행동에 힘이 실립니다.
불안하거나 두려울 때는
두 다리가 덜덜 떨리고 힘이 빠지며,
두려움이라는 감정에 지배당하죠.

9장

다시 '습득'하는
안정감

애착 관계의 손상으로 생긴 안정감의 결핍은 분명 고통스러운 일이지만, 그럼에도 다행인 것은 안정감을 회복할 수 있다는 점입니다. 어떤 면에서 보면, 안정감의 회복은 자아 발달 및 성숙도와 밀접한 관련을 보입니다. 우리는 나이가 들고 여러 경험을 하면서 점점 더 많은 문제들을 다루고 이해할 수 있게 되지요. 어떤 문제나 상황을 맞닥뜨려도 더 이상 어릴 때처럼 어쩔 줄 몰라 하며 방황하지 않게 됩니다. 깊은 두려움과 불안을 느끼거나 문제를 해결하지 못할까 봐 근심하는 일도 줄어듭니다.

물론, 나이가 들었음에도 내면은 여전히 어린아이와 같다면 그

때는 문제가 됩니다. 어린 시절에 애착 관계가 손상되었다는 사실을 억울해하고 원망하면서 스스로 치유하고 앞으로 나아갈 기회를 계속 미룬다면, 애착 관계의 손상이 가져온 고통에서 평생 벗어나지 못할 수도 있습니다.

개인 심리학의 창시자 알프레드 아들러Alfred Adler는 "행복한 사람은 어린 시절로 평생을 치유하고, 불행한 사람은 평생을 바쳐 어린 시절을 치유한다"라는 명언을 남겼습니다. 그렇다면 과연 우리는 어린 시절의 상처를 딛고 행복의 길로 나아갈 수 있을까요? 아니면 평생 어린 시절의 그림자에 갇힌 채 살아야 할까요?

올바른 접근과 충분한 지지를 바탕으로 회복 과정이 진행된다면, 우리는 자아의 힘을 되찾고 성장의 돌파구를 찾을 수 있습니다. 물론 이 과정에는 많은 시간과 인내가 필요합니다. 그러나 시간이 걸릴지라도 종국에는 보다 더 견고하고 사랑이 넘치는 관계를 맺으며 살아가게 될 것입니다. 특히, 나 자신과의 관계에서 말이지요.

지금부터 안정감을 다시 습득하기 위한 방법을 10단계로 소개하려 합니다. 반드시 순서대로 진행해야 하는 것은 아니며, 한 단계를 완료해야만 다음 단계로 넘어갈 수 있는 것도 아닙니다. 자신에게 더 편하고 필요한 단계가 있다면, 그 단계부터 시작할 것을 권합니다.

1단계: 나에 대한 인식 재정의하기

나의 감정과 타인의 감정 사이에 경계선이 명확히 서 있지 않고 분리(독립)가 제대로 이루어지지 않으면, 대인 관계에 다양한 문제들이 발생합니다. 다툼이 자주 일어나거나 통제 불능의 갈등 상황이 생기기도 하면서 자연스럽게 관계에 대한 불안감 또한 자주 느끼게 되죠. 구체적으로는 다음과 모습을 보입니다.

- 자신의 필요와 목적을 달성하기 위해 감정적인 반응으로 타인의 행동을 통제한다.
- 자신의 감정을 앞세우고, 자신의 모든 감정과 행동을 무조건 인정해

주길 요구한다.
- 자신은 애초에 그럴 마음이 없었으나, 주변의 선동에 휘말려 혼란스러워한다.
- 다른 사람의 감정이나 생각은 무시하고, 자신의 느낌을 기준으로 상대의 감정과 생각, 행동의 원인을 섣부르게 추측한다.
- 자신의 감정을 스스로 조절하거나 통제하지 못하고, 다른 사람이 자신이 원하는 대로 반응해 주지 않는 걸 못 견딘다.

우리가 가장 자주 느끼는 불안의 원천은 대인 관계에서 비롯된 '감정적 경험'입니다. 특히 서로 얽히고설킨 감정들과 그에 따라 생겨나는 여러 가지 생각, 평가, 판단 등이 주요 요인이지요.

타인과 교류하는 순간마다 감정의 경계선을 칼같이 세우기란 당연히 어렵습니다. 하지만 감정의 경계에 대한 분명한 자각이 있다면 불필요한 시간과 에너지 낭비를 줄일 수 있지요. 서로의 감정을 명확하게 분리하고 문제의 본질을 가려내서 상대의 감정 문제는 그 감정을 만들어 낸 상대의 책임으로 되돌려 줄 수 있게 되는 것입니다.

감정은 전염성이 있어서 서로 영향을 주고받습니다. 특히 공감 능력이 뛰어난 사람은 주변 분위기와 반응에 더욱 민감하게 영향을 받으면서 공명과 파동을 경험합니다. 만약 독립성이 떨어지고 '나와 남'의 경계가 분명하지 않다면, 타인이나 주변 상황에 쉽게 끌려다니고 휘둘리게 될 것입니다.

따라서 우리에겐 타인이나 주변 환경이 현재 어떤 상태인지 조금 더 일찍 알아차리고, 당시의 감정이 어떤 배경과 맥락 속에서 만들어진 것인지 분별하는 능력이 필요합니다. 나아가 상대가 지금 어떤 감정의 흐름을 겪고 있으며, 지금의 나는 왜 이런 감정을 느끼고 있는지 통찰할 수 있어야 합니다. 아무것도 자각하지 못하면, 결국 타인과 주변 상황에 이리저리 휘둘릴 수밖에 없습니다. 설령 나중에 무언가 잘못되었다는 것을 알게 되어도 그 상황에서 벗어나려면 많은 에너지를 쏟아야 하지요.

불안한 환경(혹은 타인)은 내 안의 불안을 금세 자극합니다. 불평투성이인 사람들 사이에서는 부정적인 판단을 하기 쉽고, 분노와 공격이 만연한 환경에서는 분노와 공격을 표출할 가능성이 높아지지요. 사람은 환경의 영향에서 완전히 벗어나기가 어렵습니다. 그러므로 우리는 자신이 있을 곳을 신중히 선택하고, 상황을 분별할 수 있어야 합니다. 해로운 인간관계는 멀리하고 끝내는 것이 가장 좋습니다. 만약 당장 벗어날 수 없는 관계라면, 의식적으로 자기 주도성을 되찾는 노력을 해야 합니다. 나는 내 삶의 통치자이자 주인임을 인식하고, 다른 사람이 자신을 마음대로 지배하고 조종하도록 내버려 두어서는 안 된다는 사실을 기억하는 것입니다.

감정을 조절하는 능력은 상황이 나에게 미치는 영향을 알아차리는 능력과 연결됩니다. 즉, 상황을 객관적으로 바라보고 유연하게 거리를 둘 줄 알아야 그 상황을 한발 앞서 파악할 수 있지요. 그렇게 되면 신체적·심리적으로 건강한 거리를 확보할 수 있고, 그 안에서 유연하고 효과적인 대응책을 스스로 찾을 수 있게 됩니다. 상황에 너무 깊이 빠져들어 자기 자신을 잊어버리거나 생각의 주도권을 남에게 빼앗기는 일은 피해야 하지요.

안정감을 습득하는 과정은 나를 지키는 힘을 다시 쌓는 일입니다. 언제 어디서든 타인이 함부로 침범하거나 간섭하지 못하도록 나의 내면에 안전한 심리적 공간을 마련하고, 나만의 영역에서는 확실하게 자율권을 갖는 것입니다.

우리 마음이 어린 시절에 머물러 있을 때는 필연적으로 자신을 약하고 타인에게 의존해야만 하는 존재로 바라보게 됩니다. 이런 상태에서는 자신을 보살피거나 책임질 수가 없지요. 외부로부터 무언가를 제공받거나 힘 있는 타인이 나의 안전을 지켜 주어야만 비로소 안정감을 가질 수 있다고 착각하게 되는 겁니다.

바로 이러한 생각 때문에 성인이 되어도 심리적으로는 독립하지 못한 경우가 많습니다. 자신은 아무런 능력이 없으며 자신 있게 내세울 만한 조건도 없다고 단정하면서, 반드시 다른 사람에게 의존해야 한다고 믿는 거지요. '독립된 나'는 곧 '외로운 나'이며, '의지할 곳 없는 나'로 여기기 때문에 이를 매우 두렵고 무력한 상태로 느낍니다. 그래서 결국은 자신의 성장 가능성을 포기하고 자신을 점점 더 약하게 만들면서 유아적인 상태에 머무르려고 합니다. 그래야 자신이 의지하고자 하는 대상을 잃지 않는다고 믿기 때문입니다.

평소에 불안을 자주 느낀다면, 스스로에게 질문해 보세요. 혹시 아직도 어린 시절에 머물러 있지는 않나요? 능력을 발휘할 수 있는 기회를 거부하면서, 상대가 나를 책임지고 돌봐 줄 거라고 믿고 있지는 않나요? 상대가 내 곁을 떠나지 않고 영원히 나에게 안정감을 제공해 줄 거라고 기대하는 건 아닌가요?

만약 하나라도 해당한다면, 성장을 거부하고 자신을 유아기적 상태에 두는 것이야말로 안정감의 형성과 습득을 막는 원인이라는 사실을 명확하게 알아야 합니다. 건강하고 강한 자아란 본질적으로 독립적인 자아가 되는 것을 의미하기 때문입니다.

안정감 습득을 위해 이번 단계에서 시도해 볼 과제는 다음과 같습니다.

- '자아'의 개념을 다시 인식하고, 그 의미를 새롭게 이해할 필요가 있습니다. 누구에게나 자아가 있지만, 모두가 자아를 생애 주기에 맞춰 제대로 발달시키고 건강하게 키워 내지는 못합니다. 따라서 자신의 생애 주기에 맞는 자아의 능력과 성숙도를 갖추는 일이 무엇보다 중요합니다. 지나치게 늦거나 혹은 너무 빠른 것도 자아 성장에는 나쁜 영향을 미칠 수 있습니다.

- 나 자신을 약하고 미성숙한 상태로 되돌리면서 책임과 독립을 회피하려는 습관적인 반응을 멈추어야 합니다. '자아'는 단련을 통해 성장하는데, 이때 가장 중요한 것이 바로 부딪혀 보는 경험입니다. 비록 처음에는 아무것도 모르더라도 점차 사람과 상황에 대처하는 방법을 터득하면서 문제를 해결할 수 있게 되지요. 이때, 자아는 독립적으로 성장하고, 궁극적으로는 자아실현에 이르게 됩니다.

- 나에 대한 인식을 새롭게 해야 합니다. '나는 누구인가?'라는 질문에 대해 스스로 답해 보거나 글로 써 보아도 좋습니다. 이때 중요한 것은 내가 나 자신을 어떤 존재로 인식하고 있는지 살펴보는 일입니다. 과거에 겪은 정서적 트라우마에 초점을 맞춰 '상처 입은 존재'로 인식하고 있는지, 아니면 어린 시절의 두려움과 불안으로 성장이 멈춘 채 '유아기적 상태에 머물러 있는 나'로 인식하고 있는지 주의 깊게 들여다봐야 합니다. 안정감을 회복하는 과정은 상처받기 이전의 나, 가장 근원적이고 순수한 모습의 나를 다시 알아 가고 되찾아 가는 여정입니다. 쉽게 가려지거나 지워지거나 사라지지 않는 나의 모습을 의미하지요. 그래야만 더 이상 상처 입고 약해져서 끝없는 두려움에 빠진 나를 진짜 나의 모습으로 착각하지 않고, 자아 개념을 회복할 수 있습니다.

안정감을 습득하는 과정은
나를 지키는 힘을 다시 쌓는 일입니다.
언제 어디서든 타인이 함부로
침범하거나 간섭하지 못하도록
나의 내면에 안전한 심리적 공간을 마련하는 것이지요.

2단계: 잘못된 신념 수정하기

우리의 인지적 신념과 해석은 감정과 행동 반응을 결정짓는 핵심입니다. 내가 가진 생각의 틀이 내가 보는 세상을 결정하고, 나의 해석에 따라 상황에 대한 인식이 달라지죠.

만약 마음속에 '나는 망했어, 너무 무서워, 아무것도 할 수가 없어'와 같은 생각이 불쑥 올라온다면, 그 순간 실제로 어딘가에 갇힌 듯한 경험을 하게 됩니다. 하지만 반대로 '차분히 상황을 파악해 보고, 해결책을 찾아보자'라고 마음먹으면, 점차 집중력이 생기고 마음이 안정됩니다. 그때부터는 상황을 주도적으로 파악하고, 대응할 방법을 찾을 수 있게 되지요.

'인지 신념'은 우리가 세상을 느끼고, 이해하고, 해석하고, 판단하며, 행동하도록 이끄는 중간 다리 역할을 합니다. 그러나 우리가 느끼는 불안감은 객관적인 사실과 다른 경우가 많지요. 머릿속에서 떠오른 신념이 스스로 위협과 압박감을 만들어 내면서 불안과 초조가 촉발된 것이기 때문입니다. 이런 상태에서는 보통 자기가 가진 능력이나 경험, 그리고 많은 어려움을 극복했던 기억들조차 대부분 잊게 됩니다. 머릿속은 오로지 '비관적인 예측'과 나를 '깎아내리려는 목소리'가 지배하지요. 그 때문에 마음에는 차분하게 사고할 수 있는 여유 공간이 남아 있지 않습니다. 나에게는 많은 재능이 있으며, 실제로 그동안 많은 고비를 넘기고 이겨 낸 경험이 있다는 사실을 떠올릴 수가 없는 것이죠.

역경, 좌절, 실패, 그리고 잘못된 결정 앞에서 우리 마음이 힘들고 괴로운 것은 당연합니다. 그러나 이 모든 게 생명에 위협이 될 만큼 치명적이지는 않습니다. 실제로 성공을 거둔 수많은 사람들이 자신이 겪었던 좌절과 실패에 관해 이야기해 왔지요. 이들이 훗날 성취를 이룰 수 있었던 것은 바로 좌절과 실패를 통해 무언가를 배울 수 있다고 믿었기 때문입니다. 좌절과 실패는 위대한 스승과 같습니다. 생각이 잘못된 방향으로 흐르고 있을 때나 감정을 통제하지 못할 때 혹은 지나치게 순진한 환상에 빠져 있을 때나 책임을 회피하려 할 때 항상 우리를 찾아오지요.

성공한 사람들은 좌절과 실패를 겪더라도 자신을 심하게 자책하면서 지옥으로 밀어 넣는 데에 에너지를 쏟지 않습니다. 오히려 실패를 허용하지 않거나 자신의 한계를 부정하는 사람들이 자기 자신을 모질게 비난하고 수치심을 느끼는 경우가 많지요. 좌절과 실패 후에도 다시 일어설 수 있느냐 없느냐의 차이가 바로 여기에 있습니다.

만약 나의 마음에 '나는 부족해', '나는 바보야', '나는 아무것도 배울 수 없어'와 같은 강한 믿음이 자리 잡고 있거나, 더 나아가 '나는 분명 도태될 거야', '나는 아무 쓸모도 없어'처럼 생존을 위협할 만큼 공포스러운 믿음이 있다면 어떻게 될까요? 나의 힘과 능력을 갉아먹는 이런 말들은 자신을 오랫동안 불안과 절망 속에 가둡니다. 그 결과, 더더욱 편안함이나 평온함, 안락함을 경험하기 어려워지죠.

삶이 늘 순탄할 수만은 없습니다. 그러나 우리의 일상에는 분명히 평온하고 안전한 순간들이 존재하지요. 아무 근심 없이 몸과 마음이 편안하고, 세상이 평화롭다고 느껴지는 순간들도 경험합니다. 그러나 불안감에 사로잡힌 사람들은 이런 순간조차 부정하며 제대로 누리지 못합니다. 스스로 걱정거리를 찾아내고, 머릿속으로 끝없이 비극적인 시나리오를 만들어 내죠. 지금 당장은 아무런 문제가 없는데도 심리적 불안감 때문에 상상 속의 일들이 정말로 일어날 것이라고 단정해 버립니다.

예를 들어, 불안감이 심한 사람들은 연애를 시작하는 순간 자신이 언젠가 배신당하거나 버림받을 거라고 단정합니다. 결혼하면 배우자가 외도할 거라고, 직장에 들어가면 자신이 괴롭힘을 당할 거라고 믿기도 합니다. 일상생활 중에도 늘 누군가가 자신을 해칠 것 같다는 느낌에 빠져 있기도 하지요. 아무 근거가 없는 이러한 신념들은 불안감을 이유 삼아 자신의 느낌대로 그에 상응하는 사건이 반드시 일어날 거라고 확신하게 만듭니다.

어떤 면에서는 인지 기능 장애나 손상이 있을 가능성도 고려해 보아야 합니다. 건강한 인지 기능을 가진 사람은 기본적으로 '상상'과 '현실'을 구별할 줄 압니다. '내가 생각하고 믿는 것'과 '객관적인 사실'은 서로 다를 수 있다는 것을 명확히 이해하지요. 예를 들어, 소설 속 이야기 같은 로맨스를 상상하더라도 이것이 자신의 상상임을 잘 알고 있으며, 상상을 계속하더라도 이를 현실로 믿지는 않지요. 따라서 현실의 스트레스와 답답함에서 벗어나고 싶은 마음에 상상의 나래를 펼치더라도 그것이 진짜 현실이 아니라 상상에서 비롯된 것임을 명확히 인식하고 있다면 괜찮습니다. 상상을 멈추는 순간, 현실 세계로 돌아와 이 세계의 작동 원리를 곧바로 받아들일 수 있다면 인지 기능 자체에는 큰 문제가 없다고 할 수 있습니다.

반면, 자신이 만들어 낸 상상과 환상을 아무런 의심 없이 사실로 여기고 있다면, 전문적인 검사와 진단이 필요합니다. 그 원인은 기질적인 것(뇌 부위의 손상 또는 질병)일 수도 있고, 심리적인 것(성격 문제나 정서적 트라우마)일 수도 있습니다.

이해, 분석, 통합 등의 기능을 잘 수행해 내고, 나의 감정을 자연스럽게 느끼며, 타인과 잘 교류하며 사회적으로도 소속감과 가치감을 느낄 수 있다면, 어린 시절에 만들어진 잘못된 신념을 스스로 깰 수 있는 능력과 기회가 충분히 있습니다.

지금 불편하고 초조하며 기울어진 관계에 갇혀 있다면, 아마도 인간관계의 함정을 만들어 내는 비현실적인 신념을 믿고 있는 것인지도 모릅니다. '그 사람을 만족시키지 못하면 나는 끝이야', '그 사람 없이는 살 수 없어'처럼 어린 시절에 경험한 두려움에서 비롯된 생각들이지요. 이런 생각들은 비이성적인 신념에 속하는 것으로, 어릴 때 인지가 왜곡된 채로 내면화된 결과입니다.

이러한 신념에 사로잡히면 '나는 늘 위험에 처해 있는 존재'이며, '타인은 매우 강하고 중요한 존재'라고 굳게 믿어 버립니다. 그래서 만약 상대를 조금이라도 불쾌하게 만들면, 그 순간 자신은 위험에 빠지고 아무런 힘도 없이 무너질 거라고 생각하지요.

이렇게 스스로를 약하고 보잘것없는 존재로 여기고 자기 능력마저 부정하다 보면, 극심한 무력감만 남게 됩니다. 그 결과, 그 관계에서 더욱더 벗어나지 못하고, 상대가 온갖 감정을 쏟아 내며 상처 주는 행동을 해도 그저 무력하게 받아들이는 상태에 빠집니다. 이처럼 위협이나 감정적인 조종이 동반되는 관계는 보통 양쪽의 협력으로 유지됩니다. 한쪽은 제멋대로 굴면서 위협하고 조종하는 지배자 역할, 다른 한쪽은 비위를 맞추고 상대를 기쁘게 하려 애쓰는 순응자 역할을 하는 것이죠. 마치 침묵의 계약과도 같습니다. 누군가가 명확하게 말을 꺼내지 않았음에도 암묵적인 약속이라도 한 것처럼 각자의 역할을 수행하며 관계를 이어 나가지요. 만약 한쪽이 가해자라면, 다른 한쪽은 필연적으로 피해자 역할을 해야 하는 것처럼 말입니다.

그렇다면 왜 이렇게 상대에게 맞추게 되는 걸까요? 왜 아무런 말 없이도 강자와 약자, 가해자와 피해자의 관계가 자연스럽게 만들어지는 걸까요? 이것 역시 우리 내면에 자리 잡은 인지적 신념에서 비롯된 것입니다. 실제로는 무엇이 진짜 '위험한' 상황인지 객관적으로 분별하지 못하는 상태에서 마치 특정 상황을 절대 일어나서는 안 될 끔찍한 일로 단정하고 있는 거지요.

인지 기능에 손상이 생긴 상태에서는 이성적으로 사고하고 객관적으로 분별하는 것이 어렵기 때문에 '관계를 잃는 것'이나 '상대방을 불쾌하게 하는 것'을 위험하다고 믿게 됩니다. 정작 '학대'와 '폭력'이야말로 진짜 위험한 상황이라는 것을 제대로 인식하지 못하지요. 다시 말해, 진짜 위험이 무엇인지 판단할 능력을 상실한 상태라고 할 수 있습니다. 자신이 위험한 관계나 상황에 놓여 있다는 것을 전혀 인식하지 못하고, 심지어는 무감각하거나 현실과 분리된 상태일 수 있습니다. 그러다가도 상대의 말투나 불평 한마디에 과도하게 불안해하면서 어쩔 줄 몰라 하거나 상대의 기분을 가라앉히고 인정을 얻어 내기 위해 무엇이든 하려고 하는 모습을 보이지요.

2단계에서는 생각의 방향을 내면으로 돌려 사고하는 힘을 기르고, 자존감과 자아 정체성을 튼튼하게 세우는 연습을 해 봅니다. 내면에 힘이 생겨야만, 습관적인 무력감에 빠지지 않고 어린 시절에 만들어진 잘못된 신념에 또다시 붙들리지 않습니다. 그래야만 해로운 관계 속에서 인정받기 위해 모든 것을 다 바치던 희생을 멈추고, 나쁜 관계에서 헤어 나오지 못하는 악순환을 끊을 수 있지요. 오랫동안 홀로 외로이 지내던 사람이 어느 날 집단 내에서 존재감 있는 친구의 주목을 받게 되면, 이와 비슷한 심리를 보입니다. 긴 외로움에 내면이 약해진 사람은 존재감 있는 친구에게 인정받기 위해서, 괴롭힘을 당하지 않기 위해서 그 친구의 요구를 들어주려고 애를 쓰게 되죠. 온갖 명령과 위협에도 순종하고, 심지어 그 친구가 탐내는 물건이 있다면 대신 훔치고 빼앗는 일까지 마다하지 않습니다. 그 이유는 단 하나, 상대에게 자기편으로 인정받고 보호받기 위해서입니다. 가만히 들여다보면, 이 상황은 매우 혼란스럽습니다. 보호받고 기댈 수 있는 '안정감'을 얻기 위해 오히려 온갖 위협이 되는 일들을 참고 견디며 결코 '안전'하지 않은 행동까지 해야 하니까요. 하지만 많은 사람들이 안정감에 집착한 나머지, 잘못된 요구와 해로운 관계를 단호하게 끊어 내지 못합니다.

내면의 힘이 단단하지 않으면, 잠재의식 속의 정체 모를 두려움에 언제든 쉽게 지배당하고 휘둘릴 수 있다는 사실을 반드시 기억해야 합니다. 잘못된 신념에 사로잡힌 채로는 내가 한 행동의 이유를 스스로도 알 수 없으며, 내 마음을 제대로 들여다보는 일조차 불가능해지니까요.

안정감 습득을 위해 이번 단계에서 시도해 볼 과제는 다음과 같습니다.

- 나의 마음속에서 불안감을 일으키는 신념들을 찾아보세요. 이런 신념은 컴퓨터를 비정상적으로 작동하게 만들고, 심각하면 모든 데이터를 날려 버릴 수도 있는 컴퓨터 바이러스나 악성 코드처럼 작동합니다. 불안을 끝없이 유발하는 이 신념이 삶을 살아가는 데 필요한 기본적인 기능을 마비시키고, 심각한 경우에는 해롭고 위험한 관계로 들어서게 만들어 타인에게 휘둘리며 주체성과 자율성을 잃게 만들 수 있습니다.

- 바이러스처럼 작동하는 불안의 신념들을 찾아냈다면, 이제는 하나씩 명확히 파악하고 정리해 보세요. 만약 주변에 이성적으로 사고하고 행동하는 사람이 있다면, 대화해 보아도 좋습니다. 내가 단정하고 있는 '불안 신념'을 그 사람은 어떻게 해석하고 바라보는지, 어떻게 풀어 내고 깨뜨리는지 물어 보고 배우는 겁니다. 나에게 익숙하지 않은, 심지어 낯설게 느껴질 수도 있는 사고방식을 더 많이 접하고 내게 적용하여 훈련하는

것이 지금 가장 필요한 과제입니다.

• 불안을 일으키는 신념은 대부분 부모(원가족)와 관련이 깊습니다. 이 신념은 부모로부터 받은 강한 위협(신체적 혹은 정서적 폭력의 위협)과 공포의 경험에서 비롯된 자동화된 반응으로, 우리가 위험 신호라고 의심 없이 믿게 된 것이기도 하지요. 따라서 이번 단계에서는 부모의 어떤 말과 행동 때문에 자기 자신을 약하고 무력한 존재로 내면화하게 된 것인지 탐색하고 분석하는 연습이 필요합니다. 이 과정을 돌아보고 정리하는 동안, 감정적으로 큰 동요나 충격을 경험할 수 있습니다. 이때는 심리상담 전문가를 찾아가 도움을 받는 것도 좋은 선택입니다. 내 마음의 어둠을 마주할 때는, 나를 지켜 줄 온기와 빛이 필요하니까요.

내 마음의 어둠을 마주할 때는,
나를 지켜 줄 온기와 빛이 필요합니다.

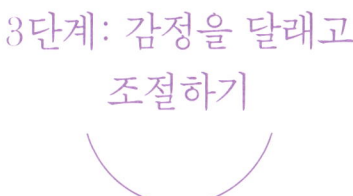

3단계: 감정을 달래고 조절하기

성인들이 느끼는 불안감은 실제로 위험이나 위협이 있는 상황을 제외하면, 대체로 **대인 관계에서의 두려움과 불안함**에서 비롯됩니다. 앞서 여러 번 강조했던 핵심 메시지였죠.

타인과의 관계에서 두렵거나 불안한 감정이 자주 생기는 건, 역시 여러 번 이야기했듯이 과거 대인 관계에서 입은 트라우마 때문입니다. 한마디로, 개인을 상대로 행해지는 부정, 모욕, 경멸, 차별 등의 행위가 한 사람의 존재 가치와 존엄성을 완전히 짓밟을 수 있으며, 결국에는 '나는 존재할 가치가 없으며, 살아갈 자격이 없는 사람'이라는 잘못된 믿음까지 만들어 낼 수 있는 것입니다.

이러한 인과 관계를 차차 이해하고, 인간 본성의 어두운 면에서 비롯된 이기심, 지나친 자기애나 오만과 같은 습성까지도 통찰할 수 있게 된다면, 이제는 그런 악의적인 상황에 자신을 가까이 두지 않도록 노력해야 합니다. 가능성 자체를 차단하는 거지요.

물론 내가 아무리 정신을 똑바로 차리고 신중하게 행동한다 해도 내게 해로운 영향을 끼칠 사람들을 완벽하게 피할 수는 없습니다. 길거리, 가게, 직장, 심지어 가장 안전한 곳이라고 믿는 가정에서도 나쁜 습성을 가진 사람들은 얼마든지 존재하니까요. 그러니 그런 사람들을 마주했을 때 불편하고 불쾌한 감정이 생기는 것은 당연한 일입니다.

하지만 이 불쾌한 감정을 그저 방치한다면, 우리는 계속 그 부정적인 감정이 주는 무거운 압박감에 시달릴 수밖에 없습니다. 내면의 공간이 부정적인 감정으로 가득 차 버리면, 긍정적인 감정을 느낄 심리적 여유 공간도 사라져 버리지요. 내가 원하는 삶을 만들고 실현해 나갈 좋은 에너지 또한 생겨나지 않습니다.

따라서 외부 환경이나 대인 관계에서 생긴 충돌이나 갈등으로 인해 부정적인 감정이 들 때는 이 감정을 그대로 두기보다 잘 관리할 필요가 있습니다. 즉시 감정을 어루만져 달래 주고 반응해 주면서 내 안의 부정적인 감정을 최대한 해소해야 하지요. 이는 나의 몸과 마음에 쌓인 스트레스를 풀어 주고, 유연성을 회복하는 과정이기도 합니다.

'싫다'라는 감정을 예시로 이야기해 보겠습니다. 무언가를 싫어하는 마음의 뿌리에는 무언가를 '멀리하고 싶다'는 동기가 있습니다. 우리가 좋지 않은 물질(특정 음식이나 비위생적인 환경)을 멀리하도록 만들고, 원치 않는 접촉(사람, 사물, 사건 모두 포함) 역시 거부하도록 해 주지요.

누군가를 싫어하게 되면, 우리는 자신과 타인을 구분 짓고 거리를 두게 됩니다. 싫어하는 그 감정을 통해 나와 그 사람의 차이점을 인식하게 되지요. 심리 과정상으로 보면, 누군가를 싫어하는 마음이 강할수록 내면에서 거부 반응이 강하게 일어나고 있다는 뜻입니다. 이는 상대와 가까워지거나 연결되는 것을 피하고 거리를 두는 방어 기제로 작용하지요.

생존의 관점에서 보면, 싫어하거나 혐오하는 감정은 해로운 물질이나 환경을 피할 수 있도록 도와주므로 생명을 지켜 주는 기능이 있습니다. 그러나 삶에 오로지 혐오만 남아서 이것도 싫고 저것도 싫고, 이것도 멀리하고 저것도 피하는 상태가 된다면 어떨까요? 마음을 굳게 닫아걸고 외부 세계와 단절되어서 사회적 연결이 끊어질 것입니다. 결국 매우 고립된 상태로 살아가게 되지요.

'싫다'라는 감정을 선택적으로 잘 활용하는 것도 필요하지만, 우리 삶에 진정한 에너지와 앞으로 나아갈 동력을 주는 것은 바로 '좋다'라는 감정입니다. 자신이 좋아하는 사람과 어울리고 좋아하는 일을 할 때, 우리는 안정감과 편안함을 느낄 수 있습니다. 스트레스를 비롯해 그로 인해 생길 수 있는 심신의 고통 또한 줄일 수 있지요.

혐오의 감정이 해소되지 않고 계속 쌓이면, 세상에 적응하는 일이 점점 더 힘들어지고 삶에 대한 무력감과 좌절감이 날로 커지면서 결국에는 삶 자체를 거부하는 상태로까지 이어질 수 있습니다. 혐오가 생존을 위한 원초적인 기능을 하는 감정의 한 종류일지라도 내 안에 지나치게 쌓이면, 독처럼 해로운 감정이 되어 나 자신과 모두에게 상처를 줍니다. (회피하고자) 차갑게 거리를 두거나 (혐오의 근원을 없애고자) 격렬하게 공격하기도 하지요.

거듭 강조하지만 혐오의 감정이 마음에 가득 차오른다면, 이를 해소하려는 노력이 필요합니다. 그대로 마음에 쌓아 둘 경우, 거대한 파괴와 공격 에너지로 변해 삶을 망가뜨릴 수 있으니까요. 게다가 혐오는 차별과 조롱의 근원이 되는 감정이기도 합니다. 혐오가

극에 달하면 타인을 저주하거나 비방으로까지 번지기도 하지요. 이처럼 혐오의 감정을 제대로 다루고 조절하지 않았을 때 생길 수 있는 문제는 결코 가볍지 않습니다.

대인 관계에서의 혐오감은 대부분 마음에 들지 않거나 거부하고 싶은 행동 혹은 특성을 구분 짓고 배제하고 싶은 욕구에서 비롯됩니다. 가령, 나와 너무 다른 사람이거나 나의 방식 또는 생각과 맞지 않거나 혹은 나의 생존을 위협할지도 모른다고 느껴지는 사람이 있을 때, 혐오의 감정이 일어나면서 상대의 존재를 내 영역에서 없애고 싶어지죠.

문제 해결의 출발점은 서로를 존중하고 이해하는 능력을 키우는 것입니다. 이성적인 사고 과정을 통해 타인의 입장에서 생각해 보는 연습을 많이 해야 합니다. 주관적이고 자기중심적인 생각으로 외부 세계나 타인을 단정 지으면서 부정적인 꼬리표를 붙이지 않도록 주의해야 하고요. 서로의 다름을 인정하면서 모두가 각자의 모습대로 편안하게 존재할 수 있도록 너그럽고 유연한 시선을 가져야 합니다. 이러한 태도는 성숙한 사회가 추구해야 할 문화이기도 하지요. 개인의 자유가 보장되는 사회일수록 타인의 입장을 이해하고 존중하는 능력이 더욱더 요구됩니다.

혐오 혹은 불만이나 질투, 슬픔, 좌절, 낙담과 같은 부정적인 감정이 마음에서 일어날 때, 나를 위해서 무엇을 할 수 있을까요?

가장 중요한 것은 바로 '감정 조절'입니다. 여기에는 달래기, 지지하기, 공감하기, 수용하기, 그리고 반응하기가 포함됩니다. 감정 조절의 목적은 부정적인 감정이 주는 압박감을 완화하는 데 있습니다. 부정적인 감정으로 생기는 압박감은 생존 본능을 자극해 불안감과 위기감을 작동시키기 때문입니다. 이때 우리 몸은 스트레스 호르몬인 코르티솔 수치가 상승하면서 몸 전체가 긴장 상태에 놓입니다. 그리고 스트레스에 대처하기 위해 몸에서는 끊임없이 스트레스 호르몬을 분비하지요. 이 상태가 지속되면, 신체 기관의 기능이 소모되면서 결국에는 건강 문제로까지 이어집니다.

감정 조절은 과도하게 고조되거나 지나치게 가라앉은 감정을 즉시 어루만져 평온한 상태로 돌아오기 위한 것입니다. 또한 몸과 마음을 안전하고 편안한 상태로 되돌려서 소모된 에너지를 제때 채우기 위한 것이기도 하지요. 안정감을 느낄 수 있어야 비로소 긴장을 풀고 제대로 회복할 수 있습니다. 그리고 제대로 회복하고 충분히 쉬어야만 마음을 차분히 다스리고 생각을 정리하며 에너지를 비축해 완전히 충전된 상태로 돌아갈 수 있지요.

앞으로 소개할 감정 조절의 과정을 진행할 때는 혼자서 글로 쓰며 정리해도 좋고, 믿을 수 있는 대상을 찾아 도움을 받아도 좋습니다. 나를 위해 감정 조절을 효과적으로 해낸다는 것은 곧 나의 마음에 응급 처치를 해 주는 것과 같습니다. 몸과 마음이 힘들 때, 모른 척하지 않고 돌봐 주는 것이야말로 나를 가장 아끼는 방법이니까요.

처음부터 너무 큰 감정적인 사건을 가져와 감정 조절 과정을 연습하려 하기보다는 자기 통제감과 성공 경험을 쌓기 위해 아주 작은 일에서 생긴 감정의 일렁임에서부터 시작하는 게 좋습니다. 내면을 다독이고, 자신과 대화를 나누며, 내면의 불안과 혼란스러운 감정을 조절해 평온한 상태로 돌아가는 연습을 해 봅니다. 그리고 이것이 새로운 습관으로 자리 잡고, 감정을 조절해 주는 언어를 자신에게 자연스럽게 건넬 수 있게 되면, 안정감 습득에 한 발 더 가까워질 것입니다.

감정 조절의 과정	
항목	방법
달래기	달래기는 마치 아기가 불안해할 때 가볍게 토닥여 주거나 쓰다듬어 주는 것과 같다. 이때 주요 목표는 감정적인 스트레스를 진정시켜 가라앉히는 데 있다. 자기 가슴을 가볍게 두드리거나 불규칙하게 뛰는 심장을 규칙적으로 토닥여 주고, 숨을 길게 들이쉬고 길게 내쉬면서 심호흡을 해 본다. 어린 시절 양육자에게 위로받았던 순간처럼 한 손으로 다른 쪽 어깨를 가볍게 두드리는 것도 좋다. 비난하는 태도나 머릿속의 시끄러운 생각들을 멈추고, 나의 신체 반응과 현재 상태를 느끼는 데에만 집중한다.
지지하기	지지는 나의 존재를 인정해 주는 행위다. 또한 나의 곁에 어떤 힘이 함께한다는 느낌, 나는 외톨이나 의지할 곳 없는 존재가 아니라는 느낌을 주는 것이다. 누군가에게 인정받고 응원받았던 기억을 떠올려 본다. 혹은 지금 바로 나 자신에게 '나는 소중한 존재이며, 나만의 감정과 가치관, 생각을 가질 권리가 있다'라고 말해 주면서 자신을 지지해 주는 것도 좋다.
공감하기	공감이란 나의 감정이 어떠한 맥락에서 비롯되었는지 이해하는 것이다. 즉, 트라우마나 마음의 상처를 포함해 자신이 과거에 경험한 일들을 돌아보면서, 자신이 보였던 감정 반응에 그럴 만한 이유가 있었다는 것을 납득할 수 있어야 한다. 이 과정에서는 기꺼이 공감하는 마음으로 나 자신을 이해하고, 나의 감정과 그 감정에 동반되는 몸과 마음의 느낌까지 온전히 체험해 본다. 감정의 흐름 속에서 내가 무엇을 경험하고 있고, 무엇을 견디고 있는지 알아차리는 것이다. 또한 '나에게 지금 이런 일이 일어나고 있구나', '나는 이런 감정을 느끼고 있고, 충격과 압박감으로 몸이 힘들어. 이 감정을 경험하고 견디는 건 쉽지 않은 일이야'처럼 나 자신에게 공감하는 말을 건네줄 수도 있다.

공감은 결국 나 자신과 기꺼이 연결되고 함께 존재하려는 마음이기 때문에 감정을 회피하거나 인정하지 않으면 공감할 수 없다. 따라서 나 자신에게 진심으로 공감해 줄 때, 나 자신과 연결되고자 하는 힘이 생겨난다. 이때 우리 내면은 충만한 힘을 얻고 강해지며, 더 이상 스스로를 미워하고 포기하던 외로운 존재가 아님을 느끼게 된다.

수용하기

공감을 통해 자신과 연결되고 함께 존재할 수 있게 되면, 이제는 더 나아가 자기 수용을 할 수 있게 된다. 수용이란, 나의 모든 면을 진실하게 마주하고 품어 주는 것이다. 비단 긍정적인 측면만이 아니라 사회적으로 인정받지 못하거나 나 스스로 외면했던 어두운 모습 또한 해당한다.

이제부터는 마치 퍼즐 조각을 하나씩 줍듯 나의 여러 모습을 찾아가며 주워 담는다. 온전히 자기 자신을 수용한다는 것은 작은 조각 하나도 완전한 나를 이루는 일부임을 받아들이는 것이기 때문이다. 모든 것을 받아들일 수 있는 능력과 마음이 있을 때, 우리는 비로소 진정한 나의 모습을 온전히 드러낼 수 있다. 설령 내 안에서 분노나 질투 같은 감정을 발견하거나 경험하더라도 이를 알아차리는 과정에서 예전처럼 자신을 억누르거나 비난하지 않는다. 그저 발견하고, 바라봐 주면 충분하다.

반응하기

내면의 감정 기복을 조절하는 과정에서 마지막으로 진행할 반응하기는 매우 중요한 단계다. 소위 좋은 말은 몸과 마음을 편안하게 하지만(적어도 안도감을 느끼게 하지만), 악담이나 험담은 우리를 깊은 절망으로 빠뜨려 벗어날 수 없게 만든다.

우리는 이미 과거에 상처가 되는 말을 많이 들어 왔다. 여기에 더 보태거나 똑같이 반복할 필요가 없다. 그러나 이미 굳어 버린 사고방식 탓에 나도 모르게 자신을 탓하고 깎아내리는 말을 하게 된다는 데에 문제가 있다. 이 때문에 우리는 더욱 좌절하고 무력해지며 우울의 늪에 빠진다. 감정 조절 과정을 제대로 진행하기 위해서는 자기 자신에게 해 주는 말, 즉 반응하기의 말들을 새롭게 구성할 필요가 있다.

> 또한 나를 진정으로 회복시켜 주는 말은 무엇인지 알아차릴 수 있어야 한다. 내가 나에게 건네는 말이 스트레스를 주는 말인지, 아니면 에너지와 힘을 주는 말인지 분별하고 알아차리는 것은 오롯이 나의 몫이다.
> 앞서 진행했던 네 단계를 거쳐 자신과 깊이 연결되고 가까워진 상태에서 반응하기를 연습하면, 다정하며 너그럽고 수용적인 말들이 자연스럽게 나올 것이다.

이제 구체적인 예시 상황을 통해 감정 조절 5단계를 적용해 보겠습니다.

A라는 사람이 제출한 보고서에서 실수가 발견되었습니다. 상사가 그다지 좋지 않은 말투로 지적합니다. 어쩐지 언짢고 짜증이 난 듯한 얼굴입니다. A는 "최대한 빨리 수정하겠습니다. 확인해 주셔서 감사합니다"라고 말한 뒤 자리로 돌아왔습니다. 그런데 혼란스럽고 다소 불안하기까지 합니다. 분명히 여러 번 확인했는데 어떻게 된 일인지, 어째서 이런 실수를 한 것인지 갈피를 잡을 수가 없습니다. 그저 작은 실수인데도 마음이 계속 불안합니다. 부주의하고 덤벙대는 사람처럼 보인 것 같아 수치심마저 듭니다.

위와 같은 상황에 처했다면, 다음과 같이 감정 조절 5단계를 진행해 볼 수 있습니다.

1단계: 달래기

방금까지 격하게 올라오던 마음을 가라앉히고, 차분하게 심호흡을 몇 차례 해 봅니다. 이때는 들이쉬는 숨보다 내쉬는 숨을 두 배로 길게 합니다. 예를 들어, 2초간 들이마셨다면 4초간 내쉬는 식으로 2초 들이쉬기, 4초 내쉬기를 세 번 반복합니다. 이어서 두 팔로 나의 몸을 감싸 안고, 자신의 양팔을 부드럽게 쓰다듬거나 토닥이면서 "괜찮아, 괜찮아, 괜찮아…"라고 조용히 되뇝니다. 혼란스럽던 마음이 가라앉고, 나의 마음이 지금 이 순간으로 돌아왔다는 느낌이 들 때까지 진행합니다. 갑자기 감정이 북받쳐 올라 목이 메거나 코가 시큰해지고 눈가가 뜨거워지면서 눈물이 날 수도 있습니다. 이때는 호흡을 계속 유지하면서 감정이 조금 흘러나오도록 허용합니다. 이는 마치 댐이 물을 방류하는 것처럼 내 안에 가득 들어찬 감정을 밖으로 배출해 내려는 자연스러운 반응이며, 내면의 압박감을 덜어 내는 데에도 도움이 됩니다.

2단계: 지지하기

명상의 방식을 활용해 봅니다. 나의 긍정적 에너지가 누군가의 모습으로 나타나서 나를 꼭 안아 준다고 상상해 보세요. 나를 매우 아끼고 보살피는 친구처럼 나 자신에게 이렇게 말해 줍니다.

"고생했어! 요즘 네가 얼마나 힘들었는지 알아. 비록 작은 실수 하나 때문에 순간적으로 네가 못난 사람처럼 느껴졌겠지만, 사실 그건 네가 너무 힘들었기 때문이야. 오랫동안 스트레스를 감당하다 보면, 이런 상황이 최악으로 여겨지기도 하거든. 실수를 한 건 맞지만, 사람은 누구나 실수하기 마련이잖아. 그래도 바로잡을 수 있는 일이라 다행이야. 아직 기회가 있어."

3단계: 공감하기

공감은 내 감정의 흐름과 맥락에 대한 이해를 바탕으로 이루어집니다. 따라서 감정이 어떻게 시작되었는지 혹은 신체적으로 어떤 반응이 일어났는지를 기반으로 나의 내면을 알아차리고, 깊은 수준의 공감을 표현하는 것이 중요합니다. 예를 들면, 이렇게 말해주는 것입니다. "갑자기 현기증이 나고 눈앞이 캄캄해지는 기분이 들어. 어릴 때, 잘못하다 걸려서 꾸지람을 끝없이 들으며 느꼈던 압박감과 비슷한 느낌이야. 갑자기 너무 두렵기도 해. 당장 큰일이 일어나는 것도 아닌데, 마음속에서 마치 누군가가 '넌 왜 이렇게 바보 같니, 겨우 이런 것 하나 제대로 못 하고!'라고 꾸짖으면서 몰아붙이는 것 같아. 그래서 너무 힘들어. 갑자기 힘이 쭉 빠지는 것 같고 어찌해야 할지 모르겠어. 정말 힘들고 고통스럽구나."

4단계: 수용하기

어떤 상황에서 어떤 과정을 겪고 있든 내가 경험하는 몸과 마음의 반응이 지금 이 순간의 것이며, 자연스럽고 본능적인 반응이라는 점을 이해해야 합니다. 따라서 나의 몸과 마음이 무엇을 경험하든 그것을 있는 그대로 받아들일 수 있어야 하지요. 그것(보고서 실수와 상사의 지적)이 이미 벌어진 일이라는 사실과 순조롭지 않았다는 사실, 어쩌면 내가 제대로 대처하지 못했을지도 모른다는 사실, 내 몸과 마음이 크게 동요했다는 사실까지 모든 경험을 함께 받아들이는 겁니다. 그렇게 수용하는 과정에서 매 순간의 나 자신을 진실하게 마주합니다.

예를 들어 '나는 이렇게 당황하기도 하는구나', '머리털이 쭈뼛 서기도 하는구나', '기운이 꺾이고 기분이 가라앉기도 하는구나'라는 식으로 알아차리는 거지요. 어떤 경험을 하든 나의 모든 경험을 수용할 수 있다면, 경험은 그저 경험일 뿐, 옳고 그름이나 좋고 나쁨의 판단 대상이 되지 않습니다. 나에게 비난의 꼬리표를 붙일 필요도 없습니다.

5단계: 반응하기

반응하기 항목은 나 자신에게 종합적인 정리를 해 주는 단계로,

여기에는 ① 상황 요약 ② 경험에 대한 피드백 ③ 행동 또는 방향 제시가 포함됩니다. 이 세 가지 요소를 합쳐 예시 상황에 적용하면, 다음과 같이 정리할 수 있습니다.

① 나는 방금 한 가지 경험을 했어. 상사에게 보고서 오류를 지적받았는데, 금세 수치심과 자기 의심에 사로잡혀서 나 자신을 못난 사람이라고 자책했어. 다른 사람들이 나를 어떻게 볼까 하는 걱정도 밀려왔지.

② 마음을 조금 가라앉히고 내 몸과 마음의 압박감을 살펴보고 나니, 겨우 작은 실수를 지적받은 것뿐인데 내가 극심한 수치심을 느끼고 있다는 걸 알았어. 이건 아마 어렸을 때 받은 비난과 불신의 영향 때문일 거야. 마음은 마구 요동쳤지만, 그래도 나는 이 상황을 직면해 보려 노력했어. 외부적으로 대처해 보려고 노력했을 뿐만 아니라 내 안에 감지된 감정도 조절하고 마음을 소모시키지 않으려 애썼어. 스스로 감정을 조절하고 나 자신을 돌보려는 모습에 자부심을 느껴.

③ 이제 다소 안정이 된 것 같아. 폭풍이 지나간 느낌이야. 약간 지친 것 같으니 나 자신에게 좋은 에너지를 채워 줘야겠어. 몸과 마음이 편안해지도록 잠깐이라도 조용한 시간을 보내고, 감정

의 파동 속에서도 여전히 잘 버텨 준 나 자신에게 고맙다고 말해 주고 싶어. 나는 나를 정말 사랑하고, 진심으로 존중해. 이제 나는 나 자신에게 무조건적인 지지와 너그러운 공간을 기꺼이 내어 줄 거야. 앞으로 더 많은 경험을 해 나갈 나를 지켜보고, 그 과정에서 나의 상처가 어디 있는지 알아차리고, 천천히 치유하며 회복될 수 있도록 도울 거야.

감정이 크게 흔들리거나 격한 감정을 느낀 사건이 있다면, 지금부터 감정 조절 5단계를 스스로 연습해 봅니다. 직접 해 보아야 자신이 잘하는 부분과 부족한 부분이 무엇인지 알 수 있고, 부족한 부분은 어떻게 보완해야 할지 감을 잡을 수 있습니다.

연습 기록	날짜:　　　　시간:　　　　장소:
사건 요약	
관련 인물	
주된 감정	
달래기	
지지하기	
공감하기	
수용하기	
반응하기	

감정 조절은

과도하게 고조되거나 지나치게 가라앉은 감정을

즉시 어루만져

평온한 상태로 돌아오기 위한 것입니다.

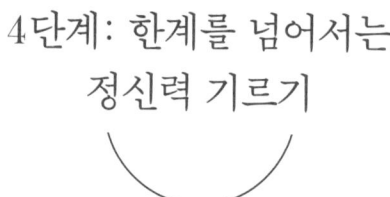

4단계: 한계를 넘어서는 정신력 기르기

나를 가장 고통스럽고 불편하게 만드는 감정은 무엇인가요?

사람마다 고통과 괴로움을 느끼게 하는 감정이 다릅니다. 어떤 사람은 분노를 너무 격렬하고 무서운 감정으로 생각해 견디기 힘들어하고, 또 어떤 사람은 슬픔과 우울을 너무 무겁고 무력하다고 느껴 감당하기 힘들어하지요. 질투나 경쟁심을 마주하기 힘들어하는 이들도 있습니다.

감정이 '촉발'되는 요인과 메커니즘을 단순화해서 설명할 수는 없습니다. 그러나 보통 우리가 순간적으로 격한 감정을 느끼거나 뇌의 감정 중추인 '편도체'에 붙들리는 원인은 현재 상황이 과거의

'상처'를 다시 건드리기 때문입니다. 이에 감정 중추가 작동하면, 이성을 담당하는 영역이 압도당하면서 이성이 더 이상 작동하지 않게 됩니다. 그로 인해 과거의 감정적인 기억에 깊이 빠져 헤어 나올 수 없게 되지요.

과거에 억눌렸거나 마음 깊이 묻어 두었던 수많은 고통, 그리고 혼란스럽게 얽힌 감정의 기억이 반추될 기회를 얻지 못하고 이해되지 못한 채 남아 있게 되면, 비슷한 상황이 닥쳤을 때 과거의 감정이 똑같이 되살아나는 일이 반복됩니다. 심지어 시간이 흐를수록 더 강한 반응으로 나타나기도 하고요.

마음 깊이 묻혀 있던 고통과 스트레스, 그리고 복잡한 감정들(불안, 두려움, 좌절, 질투, 무력감, 슬픔 등)은 왜 이렇게 오랫동안 우리를 뒤흔들까요? 그 이유는 대부분 '불안정한 삶'의 경험과 관련이 깊습니다. 예를 들면, 버려지거나 무시당하거나 폭력으로 피해를 입거나 무언가를 빼앗긴 경험처럼 어린 시절에 겪었던 매우 위협적이고 고통스러운 감정들 때문이지요.

만약 지금도 감정이 강렬하게 건드려지면서 이성이 마비되는 경험을 하고 있다면, 감정이 막 격해지기 시작하는 그 순간, 호흡을 가다듬어 보세요. 숨을 쉬면서 90초 동안 호흡에만 집중합니다. 동시에 나의 심장 부근에 맑은 샘물이 흐르고 있다는 상상을 하면 좋습니다. 그런 다음, 몸을 움직여 봅니다. '물 한 잔 마시기'라든가 '바깥바람 쐬기'처럼 간단한 목표를 세워 실행해 보는 것입니다.

간혹 이러한 방법들이 감정을 억누르거나 주의를 다른 데로 돌리는 것처럼 보일 수도 있습니다. 하지만 우리가 알아야 할 것은, 상황을 객관적으로 바라보거나 이성적으로 이해하기 어려운 그 순간에 일어나는 감정은 현재 상황에 대한 진짜 감정이 아닐 가능성이 크다는 것입니다. 오히려 우리를 감정의 구덩이에 빠뜨리고 반복적으로 그 감정에 휘둘리게 만드는 함정일 수 있지요. 그 속에서 끝없이 공격받고 에너지를 빼앗겨 완전히 지치게 되는 것입니다.

감정이 격하게 올라와서 이성을 잃기 직전, 바로 그 황금 같은 90초의 시간 동안, 일단 우리는 당장 휘몰아치는 고통의 감정에 끌려가지 않도록 피해야 합니다. 감정의 인질이 되지 않아야 나 자신을 잃지 않으면서도 자유롭고 유연하게 사고하고 행동할 수 있는 힘을 지킬 수 있습니다.

위협적인 상황에 일어나는 과도한 감정 반응은 우리 모두가 피할 수 없는 일입니다. 어린 시절에 완벽한 돌봄과 보호를 받으며 자란 사람은 거의 없으니까요. 대부분은 두렵고 불안한 상황을 한 번쯤 겪으며 성장합니다. 따라서 우리는 어떤 상황을 마주할 때, 지금 일어나고 있는 일이 객관적으로 위험한 상황인지, 아니면 과거의 상처로 인해 주관적으로 위험하다고 느끼는 것인지 분별할 줄 알아야 합니다.

죽음이나 상처를 두려워하는 것은 당연한 감정입니다. 자연스러운 생존 본능이기도 하고요. 그래서 우리에게는 방어 기제가 있습니다. 생명의 위협을 느끼는 심리적인 충격이 발생했을 때, 자동으로 방어 기제가 작동하면서 스스로를 보호하고 생존을 위협하는 원인을 차단합니다.

예를 들어, 누군가가 정체를 알 수 없는 물건을 들고 공격하는 듯한 행동을 하거나 낯선 사람이 바짝 다가와 나의 경계를 침범하는 부적절한 행동을 한다면, 이는 명백한 '위험'이지요. 하지만 주관적인 위협감은 다릅니다. 객관적인 입장에서는 위험하지 않은 상황인데도 나의 주관이 그것을 위험하며 극도로 불안한 상황이라고 강하게 믿는 것입니다.

주관적인 위협감을 느낀다고 해서 실제로 위험하다고 말할 수는 없습니다. 단지 우리의 판단과 해석이 이를 위협과 위험으로 단정 짓는 것일 뿐이죠. 가령 정서적인 협박이 일어나는 상황에서 협박당하는 사람은 자신이 마주한 상대나 상황을 자신의 주관적인 판단으로 위협적이라고 단정하기 때문에 상대에게 휘둘리고 통제당합니다. 상대의 뜻에 따라야만 자신이 인지한 위험에서 벗어날 수 있다고 믿는 거지요. 이렇게 우리를 위협감에 빠뜨리는 기폭제는 바로 어린 시절의 정서적 트라우마입니다. 이것이 우리를 꼼짝 못 하게 만들고 자유롭게 행동할 힘을 빼앗아 버리는 거지요.

그러므로 정신력을 강하게 만드는 것이 중요합니다. 정신력을 교각이라고 상상해 보세요. 교각은 자재와 구조가 튼튼하고 지탱하는 힘이 강할수록 더 많은 무게를 견딜 수 있습니다. 만약 우리의 정신력이 약한 나무나 밧줄로 엮어 만든 다리라면, 세찬 물살과 강한 비바람을 이겨 낼 수 있을까요? 다리가 언제 무너질지 모르는 위태로운 상태나 다름없습니다.

정신력이 약한 것은 영적인 영역에 대한 탐색과 경험이 부족하기 때문입니다. 물론 정신력이 고통을 통한 단련에서 얻어진다고 보는 이론이나 관점도 있습니다. 즉, 거대한 고통 속에서 살아남은 사람들은 정신력이 뛰어나며, 남들이 참지 못하는 것을 견뎌 낸다는 거지요. 그러나 문제는, 고통은 누구나 겪는다는 점입니다. 많은 사람들이 정신력이 강해질 새도 없이 고통에 짓눌려 무너지거나, 거대한 정신적 고통만 남는 경우도 많습니다. 고통을 통해서만 정신력을 키울 수 있다면, 살아남는 사람은 극히 드물 것입니다. 결국 고통스러운 역경은 도박과 비슷합니다. 그 경험을 통해 살아남아 성장할 수 있을지, 아니면 전장에서 쓰러져 완전히 회복 불가능한 상태에 빠질 것인지는 누구도 장담할 수 없지요.

그렇다면 어떻게 해야 정신력을 키울 수 있을까요? 고통을 겪으며 이겨 내는 것 외에 현실적인 방법은 없을까요?

저의 개인적 경험과 타인의 사례를 탐구하면서 깨달은 바에 따르면, 오직 물질적인 관점으로만 나를 바라보지 않도록 노력해야 한다는 것입니다. 눈에 보이는 것에만 매달리면 눈에 보이지 않는 더 큰 힘의 존재를 느낄 수 없습니다. 눈으로는 우주를 바라볼 수 없고, 이 세계의 광활함과 광대함을 느낄 수가 없지요. 따라서 유한한 인생과 경험의 테두리를 뛰어넘어서 보다 지속적이고 보편적인 가치와 의미를 깨닫거나 사유하는 일 또한 어려워집니다.

즉, 우리가 물질적인 한계를 넘어서지 못하면 나의 주의력은 오직 지금 이 순간에만 놓이게 됩니다. 실패는 그저 실패이고, 성공 외에는 모든 게 의미가 없어져 버리는 거지요. 그러면 마음은 한 지점에 고정된 채 상황의 변화를 열린 마음으로 받아들이지 못합니다. '왜 일이 뜻대로 되지 않을까?', '왜 실패했을까?', '왜 이런 끔찍한 일이 나에게 일어났을까?'라는 생각을 끝없이 반복하게 되지요. 이처럼 제한된 시야에 갇히면, 다른 세계와 가능성이 있다는 사실을 믿지 못하게 됩니다. 비록 지금 당장은 일이 뜻대로 되지 않더라도 상황이 언제든 전환점을 맞을 수 있는데도요.

좁고 갇힌 생각은 온갖 집착을 만들어 냅니다. '무조건 그래야 해', '당연히 그래야지'와 같은 생각과 '이상적인 기대'나 '완벽주의'에 사로잡혀 우리의 마음을 오로지 '작은 나'의 기준과 기대를 만족시키는 데만 묶어 둡니다. 그렇지 않으면 세상을 원망하거나 자기 자신을 부족하다고 여기면서 혐오하게 되지요.

정신력은 현재 상황이나 과거의 경험에 얽매이지 않고 그것을 뛰어넘는 능력이자 힘이라고 할 수 있습니다. 인생이란 차곡차곡 쌓아 가고 발전시켜 나가는 것이며, 생명력과 창조력으로 가득 채울 수 있는 과정임을 이해하는 것입니다. 모든 시작은 과거의 끝에서 출발하고, 모든 끝은 다음 과정의 시작임을 아는 것입니다. 겉으로는 관련 없어 보이는 경험일지라도 결국에는 신비롭게 엮여서 의미 있고 멋진 이야기를 만들어 나갈 테니까요.

어떤 상황이나 사건이 발생했을 때, 이를 좋다거나 나쁘다고 단정 짓기 전에 좋고 나쁨의 정의는 스스로가 만들어 가는 것이라는 믿음을 가져야 합니다. 물질적인 세계의 기준으로 좋은 것이 나에게는 별로일 수도 있고, 나쁘다고 여겨지는 것이 나에게는 오히려 좋을 수도 있습니다. 결국 좋고 나쁨이란, 나의 마음 상태와 내가 나아가는 길에 따라 결정되니까요. 이처럼 유연하고 열린 마음으로 살아간다면, 삶의 무게 심지어 고통의 무게까지도 감당할 수 있는 강한 정신력이 길러질 것입니다.

안정감 습득을 위해 이번 단계에서 시도해 볼 과제는 다음과 같습니다.

- 현재 겪고 있는 힘든 일이나 스트레스를 가능한 한 멀리 떨어져서 바라보는 연습을 해 봅니다. 예를 들면, 80세가 되어 매우 편안한 삶을 살고 있는 내가 지금의 일을 바라본다면 어떤 생각을 할까요? 혹은 신(전지전능하며 모든 것을 깨달은 위치)의 관점에서는 지구상 인류의 일생과 경험에 어떤 의미와 뜻이 있다고 볼까요? 설령 신의 관점이 아니더라도 과거에서부터 미래에 이르기까지 인류 역사의 관점에서 본다면, 한 사람의 짧은 인생은 무엇을 위한 것이며, 궁극적으로는 어떤 의미가 있을까요?

- 정신력은 한계를 뛰어넘는 힘입니다. 자신의 과거를 돌아보며 생각해 보세요. 과거의 고통과 고난 혹은 어두운 시절을 견디고 이겨 내는 과정에서 나를 도와준 어떠한 '절대적인 믿음'이 있지는 않았나요? 삶이 가진 의미에 대한 믿음일 수도 있고, 자기 삶의 가치에 대한 믿음일 수도 있습니다. 스스로 굳건한 믿음을 찾아낼 수 있다면, 그것이 바로 정신력의 보루가 되어 일시적인 어려움에 쉽게 무너지지 않도록 나를 지켜 줄 것입니다.

당장 휘몰아치는 고통의 감정에 끌려가지 않도록
피해야 합니다.
감정의 인질이 되지 않아야
나 자신을 지킬 수 있습니다.

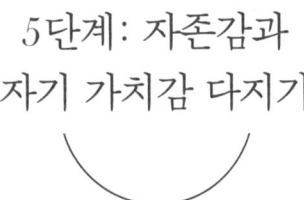

5단계: 자존감과 자기 가치감 다지기

다른 사람의 거절이나 반대를 '나의 중요성'과 '나의 가치'에 대한 평가로 연결 지어서 생각해서는 안 됩니다. 상대의 거절은 그 사람이 현재 협력할 수 없거나 혹은 그 나름의 고려 사항이 있다는 의미일 뿐입니다. 반대 역시 상대의 가치관과 개인적인 경험에서 나온 판단일 뿐이지요. 어떤 상황에서도 나의 가치와 중요성은 변하지 않습니다. 그런데 만약 거절이나 반대를 나에 대한 전적인 거부라고 생각한다면, 다른 사람을 거절하거나 반대할 수 있는 나의 권리 또한 스스로 박탈하게 됩니다. 그뿐만 아니라 상대의 거절과 반대를 계속 마음에 담아 두면서 나 자신을 괴롭히고 관계를 망치게 되지요.

이는 대인 관계 불안감의 징후 중 하나입니다. 다른 사람의 기분이나 반응이 좋지 않으면 관계가 깨지거나 불편해질까 봐 마지못해 원치 않는 의견을 받아들이거나 동의하는 결과로 이어지기도 하지요. 다른 사람이 나의 요청이나 의견에 답을 해야 할 때도 마찬가지입니다. 상대가 나의 감정을 반드시 고려해야 한다고 생각하면서 자기 생각을 솔직하게 표현하거나 선택할 권리를 빼앗습니다. 내 기대에 맞춰 주지 않으면, 관계를 망가뜨리고 나에게 상처를 입히는 것처럼 느끼는 거지요.

이처럼 '거절'에 대한 왜곡된 감정 반응은 이성적인 판단을 흐리게 만듭니다. 개인의 솔직한 감정이나 선택을 존중하지 못하고, 특정 상황이나 상대의 기대에 맞춰 억지로 행동하게 됩니다. 그 과정에서 자신을 무시하는 일이 일어나기도 합니다. 그래야 본심과 다르게 행동할 수 있으니까요. 다른 사람의 평가나 감정을 우선시하면서 나의 감정과 생각을 무시하는 행동은 오로지 다른 사람의 마음에 들고 받아들여지기 위해서입니다. 이는 열등감에서 비롯된 행동이자 낮은 자존감의 표현이기도 합니다. 그리고 이런 현상은 단순히 개인의 문제가 아니라 사회 문화나 가정 환경, 대인 관계의 영향으로 만들어진 것이기도 하지요.

간혹 '내가 널 거절하지 않았으니 너도 나를 거절할 수 없어'라거나 '내가 너한테 동의해 줬으니 나중에 너도 내게 동의해야 해'라고 생각하는 사람들이 있습니다. 즉, 자신이 거절하지 않고 맞춰 준 것을 일종의 교환 수단으로 사용해 돌려받으려는 것입니다. 이익을 얻거나 언젠가 보답받기를 기다리는 거지요.

이런 생각은 일방적이고 순진한 상상일 뿐입니다. 어른들의 세상을 마치 아이들의 세상처럼 생각하는 거지요. '내가 너한테 이렇게 했으니 너도 나한테 이렇게 해야만 해', '내가 모든 것을 주었으니 너도 나에게 모두 줘야 해'라는 식의 생각은 겉으로는 공평해 보이지만, 실제로는 혼자만의 생각이자 기준일 뿐 누구에게도 강요할 수 없습니다.

자존감과 자기 가치감이 낮은 사람은 자존감과 자기 가치감이 높은 사람들에 비해 대인 관계에서 소외되거나 버림받지 않을지 더 자주 걱정합니다. 왜냐하면 자신을 능력이 부족하고 가진 게 없는 존재로 여기기 때문입니다. 그래서 친구나 연인이 생기면, 집착하며 놓지 않으려고 합니다. 조금만 방심하거나 소홀했다가 상대가 마음이 변하면 다른 사람에게 가 버리고 자신은 비참하게 버려질까 봐 몹시 두려워하죠.

반면 높은 자존감과 비교적 안정적인 자기 가치감을 가진 사람들은 자신의 필요와 성장에 집중합니다. 알고 싶은 분야가 있으면 해당 분야에서 활동하는 사람들을 찾아 나섭니다. 사람들과 교류하고 경험을 주고받으면서 지식과 능력을 넓혀 가는 법을 배우죠. 이들은 다른 사람이 자신을 좋아하는지 혹은 자신을 받아주는지 크게 신경 쓰지 않고, 누가 나를 주목하는지 혹은 누가 나에게 관심이 있는지 살피며 두리번거리지도 않습니다.

반대로 자존감이 낮고 자기 가치감이 약한 사람은 나의 행동이 어떻게 보일지, 나를 주목하는 사람이 있는지 신경 쓰면서 다른 사람의 시선과 평가를 상상하는 데 에너지를 쏟지요. 어떤 면에서 보면, 자존감이 낮은 사람은 숨겨진 나르시시스트이기도 합니다. 겉으로 드러내 놓고 과시하는 나르시시스트와 마찬가지로 그 뿌리에는 불안정한 자기 개념과 건강하지 못한 자존감이 있지요. 자기 존재 가치와 개별성을 명확하게 인정하지 못하기 때문에 끊임없이 외부의 피드백과 반응에 의존해야만 그나마 자기를 인정하고 존재의 가치감을 채울 수 있습니다. 그래서 외부 평가에 민감하고 타인의 말투나 태도가 조금이라도 좋지 않으면, 금방 자신의 가치를 의심합니다.

겉으로 드러내고 과시하는 나르시시스트는 부풀려진 자기애라는 방어막을 이용해서 안으로 향하는 자기 공격과 의심을 차단하는 반면, 숨겨진 나르시시스트는 낮은 자존감과 자기 가치감으로 자기 자신을 공격하고 비난합니다. 자신을 보호해 줄 부풀려진 방어막이 없기 때문에 상실이나 실망을 경험하면, 그 화살을 자신에게로 돌려 스스로를 맹렬히 비난하고 공격하면서 증오를 쏟아 내는 거지요.

안정적인 자존감과 견고한 자기 가치감을 가진 사람은 내면이 늘 한결같아서 매 순간 '내가 정말 가치 있는 사람인가?', '나는 존중받을 자격이 있는가?', '나는 존재할 자격이 있는가?'와 같은 질문으로 자신을 확인할 필요가 없습니다. 자신이 실현하고자 하는 자아의 모습을 향해 나아가면서 발전하고 성장하는 데 집중하지요. 그 과정에서 어려움이나 장애물을 만나도 문제를 해결하고, 자신이 원하던 모습을 이루어서 결국에는 건강하고 평안한 상태 well-being에 도달합니다.

안정감을 학습하고 회복하는 과정은 자존감과 자기 가치감을 회복하는 여정이기도 합니다. 자신의 존재 가치를 확신하지 못하면, 자기 삶의 의미를 수시로 의심하게 됩니다. 삶에서 경험하는 일들을 긍정적으로 보기 어렵고, 두려움, 침울함, 의심만 차오르면서 미래에 대한 희망을 갖지 못하지요. 이것이 바로 낮은 자존감의 신호입니다. 이는 관계를 맺는 과정에 영향을 미칠 뿐만 아니라 관계 자체를 매우 무겁고 진전되기 어렵게 만듭니다. 왜냐하면 이미 상처받고 자존감이 낮아진 사람은 더 상처받는 일이 없도록 끊임없이 조심하기 때문입니다. 마치 살얼음판을 걷는 것처럼 아슬아슬하게 관계를 이어 가고, 조금만 잘못해도 관계가 깨지거나 무너질까 봐 전전긍긍합니다.

관계를 위태롭게 만들지 않으려면, 자존감을 잘 지키고 안정시키는 연습을 해야 합니다. 즉, 자기 자신을 공격하면서 좌절하게 만드는 습관을 바꿔야 합니다. 자신이 노력하고 애쓴 부분은 인정해 주고 나의 존재를 긍정하는 마음으로 돌아가 그 속에서 나의 힘과 에너지를 느껴야 합니다. 또한 담대한 마음과 넓은 아량을 갖는 것도 필요합니다. "누군가가 알아주지 않아도 괜찮아. 내가 묵묵히 해낸 것만으로도 대단하고, 정말 감탄스러워"와 같은 말을 반복해서 내게 들려주는 연습을 하고 나면, 앞으로 그 어떤 상황을 마주해도 자연스럽게 나 자신을 긍정하고 인정할 수 있게 될 것입니다. 또한 자신을 인정하지 못해 상대의 표정, 자세, 그리고 말투 하나하나에 지나치게 신경 쓰고, 과도하게 해석하며 크게 실망하던 지금까지의 악순환을 멈출 수 있습니다.

내가 나를 긍정하지 못하면서 다른 사람이 긍정해 주기만을 바라거나 내가 나를 존중하고 인정하지 않으면서 다른 사람이 나를 존중하고 인정해 주기만 바란다면, 내면은 텅 비어 있어 그 어떤 재능이나 가치도 밖으로 드러내지 못할 것입니다. 내가 기대하는 누군가가 나보다 나의 재능과 가치를 잘 알아주는 일은 사실 불가능합니다. 다른 사람의 긍정과 인정은 내가 먼저 나를 보여 주고 드러냈을 때 비로소 따라오는 것이기 때문입니다. 나 스스로 '나는 아무것도 못 해', '나는 할 줄 아는 게 없어', '다른 사람이 알아줄 만한 특기도, 능력도 없어'라고 생각하는데, 다른 사람이 과연 나를 봐 줄까요? 과연 나의 진가를 알아보고 감탄해 줄까요?

다른 사람에게 칭찬과 인정을 받으려면, 무조건 상대의 비위를 맞추거나 필요를 만족시켜야 한다고 착각하는 사람들이 있습니다. 하지만 이런 방식으로는 안정적이고 높은 자존감을 만들 수 없습니다. 오히려 불안정하고 낮은 자존감의 늪으로 더 쉽게 빠져들게 만들지요. 상대방이 긍정적인 피드백을 명확하게 주지 않거나 상대방이 도구처럼 나를 이용할 경우, 내 마음속 자존감과 자기 가치감은 다시 불안정하게 흔들리기 시작하고, 자기 의심과 회의감에 빠져서 점점 우울해질 테니까요.

안정감 습득을 위해 이번 단계에서 시도해 볼 과제는 다음과 같습니다.

- 자존감과 자기 가치감 모두 자기 존재에 대한 긍정적인 태도에서 비롯됩니다. 그러므로 자존감을 세우려면, 일의 결과에 따라 판단하는 게 아니라 '나'라는 사람 자체를 긍정해야 합니다. 예를 들어, 시험 결과에 따라 나를 긍정할 것인가 말 것인가를 결정하는 게 아니라 결과가 어떻든 그 과정에서 몰입하고 노력한 나 자신을 긍정할 수 있어야 합니다.

- 자기 자신에게 응원의 말을 건네는 연습을 해 보세요. 지금껏 외부에서 인정을 구하려 애쓰던 습관을 멈추고, 내가 다른 사람의 입에서 어떤 칭찬이나 인정의 말을 듣고 싶은지 가만히 생각해 봅니다. 다른 사람이 그 말을 해 주길 기대하기 전에 내가 먼저 나 자신에게 해 보세요. 진심으로 나 자신을 응원해 주고, 스스로 나의 가치를 인정하는 마음을 느껴 보세요.

- 자존감과 자기 가치감은 존재를 지탱하는 기초 역할을 합니다. 자기 가치를 긍정해야 매 순간 나를 의심하지 않고 나의 이상을 구체화하면서 원하는 삶을 향해 나아갈 수 있지요. 기초

는 말 그대로 '기반'이 되므로 단단히 다져야 합니다. 자기 존중과 자신을 좋아하는 마음, 그리고 자신을 있는 그대로 받아들이는 마음은 꾸준히 쌓아 나가야 하는 능력입니다.

안정감을 학습하고 회복하는 과정은
자존감과 자기 가치감을 회복하는 여정이기도 합니다.

6단계: 통제 불가능한 요인 받아들이기

현실에서는 사람의 통제 범위를 넘어서는 사건들이 일어납니다. 대표적으로 날씨, 경제 상황의 변화 등은 우리가 통제할 수 없지요. 대인 관계에도 통제 불가능한 일들이 많습니다. 가령 어떤 상황에 대한 타인의 해석과 감정을 내가 통제할 수는 없습니다. 더 나아가 타인이 나의 기대와 필요, 기준에 맞춰 행동하고 반응해주기를 강제할 수도 없지요. 왜냐하면 모든 사람은 각자 독립적인 개체이며 평등한 존재이기 때문입니다. 누구도 다른 사람에게 지배당하거나 통제받아서는 안 되며, 그 누구도 다른 사람을 100% 만족시키며 살아갈 의무와 책임이 없습니다.

설령 마음으로는 누군가를 아주 간절하게 만족시키고 싶어도 현실적으로는 실현할 수 없는 일입니다. 따라서 우리는 경청, 공감, 존중, 설득, 협의 등과 같은 대인 관계 기술을 배울 필요가 있습니다. 이를 통해 서로 다른 관점을 가진 개인들이 함께 앉아 대화하고, 서로를 제대로 마주하며, 좋은 관계를 맺어 갈 수 있습니다.

우리는 무언가를 표현할 때, 나의 의도를 최대한 잘 전달하기 위해 노력합니다. 하지만 나의 말이 타인에게 어떻게 들리고 해석될지는 완전히 다른 문제지요. 내 의도와는 완전히 다른 목적과 의도로 받아들여질 수도 있습니다.

내가 표현하고자 했던 것들이 이후에 어떤 모양으로 발전할지 파악하거나 통제하는 일은 불가능합니다. 어떤 말은 돌이 바다에 가라앉듯 조용히 묻혀 버릴 수도 있고, 또 어떤 말은 허리케인처럼 엄청난 파장을 일으키며 내 삶을 뒤흔들어 놓을 수도 있지요. 그 말이 어떤 모습으로 평가받고 해석이 되든 상관없이 내가 통제할 수 없고 바꿀 수 없는 영역이 있기 마련입니다.

그렇다면 내가 원래 표현하고자 했던 의도에서 벗어나 핵심 메시지가 전달되지 않는 상황이 벌어졌다면, 우리는 이 상황을 어떻게 바라보아야 할까요?

일단 '나는 나이고, 타인은 타인'이라는 것과 완전히 별개인 두 존재가 각자 작동하고 있다는 것을 명확히 알아차려야 합니다. 타인이 자신의 관점으로 말하거나 해석할 때는 그 사람의 직관이나 습관이 작용합니다. 그 밑바탕에는 그 사람의 '경험', '인지 구조', 그리고 '문화적 배경' 등이 있지요. 나의 말이나 글이 그 사람의 어떤 부분을 건드렸는지, 또 그 사람이 어떤 각도에서 나의 말에 접근한 것인지 본인도 분명하게 자각하거나 이해하지 못할 수도 있습니다. 당시의 기분에 따라 무심코 평가하고 의견을 말했을 가능성이 크지요. 또한 겉으로는 나를 향한 반응처럼 보여도 더 깊이 들여다보면 정작 나와는 무관할 때도 많습니다. 즉, 그 사람의 이야기부터 경험, 습관까지 대부분은 그저 자기 자신을 드러내는 것일 뿐입니다. 나 또한 나 자신을 표현하고 있는 것처럼요.

따라서 다른 사람의 말이나 반응을 나 자신과 빠르게 연결 짓지 않는 연습을 해야 합니다. 타인에게 제대로 된 반응을 해 주기 위해서는 입장을 바꿔 생각하는 능력과 공감 능력, 그 말이 나오게 된 맥락을 파악하는 능력(생각이든 감정이든 전후 상황을 포함)이 필요하기 때문입니다. 이것은 모든 사람이 저절로 배울 수 있는 것이 아니라 꾸준한 연습이 필요한 능력입니다.

다른 사람의 평가로 인해 이해받지 못한다는 생각, 비난받는다는 느낌을 받을 수도 있습니다. 심지어 상대가 나조차도 몰랐던 모습으로 나를 왜곡하고 있다는 생각이 들 수도 있습니다. 이때는 내 안의 안타까움과 상실감을 알아주는 시간이 필요합니다. 내가 표현하려고 했던 목적이나 의미와 너무 동떨어져서 속상하더라도 '나는 피해자'라는 생각에만 깊이 빠져 허우적거릴 필요까지는 없습니다. 이러한 상황에서 해야 할 일은 나 자신과 함께 서는 것입니다. 내 어깨에 손을 얹는 느낌으로 스스로에게 이렇게 말해 줍니다. "두려워하지 마, 나에게는 힘이 있어. 내 곁에는 내가 함께 있을 거야. 하고 싶은 말을 마음껏 하고, 하고 싶은 일을 제대로 해낼 거야."

그런 다음, 타인이 하는 말은 그저 그 사람을 대변하는 것일 뿐, 그 말이 나를 의미하는 것은 아니라는 사실을 분명하게 인식해야 합니다. 모든 사람이 내 의견에 동의할 수는 없습니다. 세상에는 다양한 의견이 존재하므로 내 의견을 지지하는 사람도 있지만 그렇지 않은 사람도 있지요. 하지만 누군가가 나를 지지하든 그렇지 않든, 그 사람 또한 자기 자신을 표현하고 있을 뿐이라는 사실을 기억하면 좋겠습니다.

때로는 모든 사람이 나를 반대하고, 타인의 의견에만 동의하고 지지하는 것처럼 느껴질 때가 있을 겁니다. 그럴 때도 마음을 차분히 가라앉히고 스스로에게 물어 보세요. 다른 사람들이 인정해 주지 않는다면, 나는 지지받을 가치가 없는 걸까요? 내 의견은 존재하면 안 되는 걸까요? 더 나아가 자기 표현을 강하게 하는 것처럼 보이는 사람들은 어째서 그렇게 보이는 건지 생각해 봅니다.

나의 표현이 받아들여지지 않는 상황에서 느끼는 감정들은 어쩌면 나의 표현에 문제가 있어서가 아니라 조화롭고 깊이 있는 소통을 간절히 바라는 마음에서 생겨난 것일지도 모릅니다. 그래서 나의 표현이 존중받지 못하거나 이해받지 못할 때, 당혹감과 혼란스러움을 느끼는 거지요. 저마다의 시각과 의견을 지닌 사람들 속에서 그 어떤 표현도 얼마든지 다르게 설명되고 해석될 수 있다는 사실을 받아들이기 힘들어하는 것입니다.

나를 진정으로 이해해 주고, 나의 언행을 과도하게 해석하거나 함부로 평가하지 않는 관계를 찾는 노력이 필요합니다. 그 속에서 우리는 비로소 마음 놓고 편안하게 나 자신을 표현할 수 있고, 그러한 관계는 우리에게 좋은 자양분이 될 테니까요.

하지만 내가 속한 관계가 이처럼 이해받고 존중받는 건강한 관계가 아니라면, 어떻게 해야 할까요? 나의 생각과 느낌을 계속 무시하며 침묵을 선택할 것이 아니라면, '나는 내가 하고 싶은 말을 하는 것일 뿐, 상대의 말과 반응은 상대방의 책임'이라고 인식할 수 있도록 연습해야 합니다. 만약 서로 공감이나 합의가 필요한 상황이라면, 각자의 표현과 서술 안에서 접점을 찾거나 좀 더 상세히 논의할 수 있는 부분을 찾아봅니다. 하지만 굳이 합의할 필요가 없거나 애초에 교류할 필요가 없는 관계라면, 더 이상 대화를 이어가려 애쓰지 말고 단호하게 관계를 정리하는 것이 좋습니다. 빠른 결단으로 더 이상 불필요한 감정 소모와 갈등을 막을 수 있으니까요.

살면서 나와 마음이 통하는 인연을 만나는 일은 흔하지 않습니다. 소위 말하는 좋은 인연이란, 서로 비슷한 주파수와 삶의 경험, 지식의 틀 위에서 자연스럽게 흘러가며 오갈 수 있는 관계를 말하지요. 상대방을 더 많이 이해하게 되고, 나에 대해서도 더 깊이 탐색할 수 있게 되는 관계입니다.

그러나 현실적으로 매 순간 좋은 사람만 만날 수는 없습니다. 만약 우리가 맺는 모든 관계가 언제나 이상적이라면, 오히려 좋은 관계가 지닌 가치와 의미가 드러나지 않을 것입니다. 소중히 여기고 지켜 나가야 할 필요 역시 느끼지 못하겠지요. 다시 말해 모든 관계가 언제나 기쁘고 만족스러울 것으로 기대할 수는 없습니다. 대신 관계가 삐걱거리거나 소통이 원활하지 않을 때, 현명한 태도와 방식으로 대응할 수 있도록 다음과 같은 기술을 익힐 필요가 있습니다.

- 반응하지 않고 그냥 돌아서거나 스쳐 지나가는 연습을 한다. 내 마음에 건드려지는 지점이 없다면, 굳이 그 자리에 머무를 필요가 없다.
- 현재 벌어진 일을 일단 받아들인다. 마치 여행 중 길이 막히거나 차가 끊기거나 어쩔 수 없이 다른 길로 가야만 할 때처럼 현재 상황을 파악하는 데에 최소한의 에너지만 쓴다.
- 표현하고 싶은 내용을 다시 정리할 수 있도록 서로에게 기회를 준다. 열린 질문을 주고받으며 자신의 입장과 생각을 명확히 하고, 더 나아가 상대방이 의미 있는 소통을 원하는 것인지, 아니면 다른 목적이 있는 것인지 관찰하고 판단한다. 만약 후자라면, 더 이상의 접촉은 피하고 기회를 주지 않는다.
- 연결을 끊어 내는 명상을 해 본다. 예를 들면, 스스로 문을 꽉 닫는 상상이나 큰 가위를 들고 서로 간의 보이지 않는 연결 고리를 잘라 내는 상상, 깊은 산속에 들어가 은둔자가 되어 외부와 단절된 채로 조용히 지내는 상상 등을 해 보는 것이다.

때때로 우리의 언행은 마치 과일을 손에 들고 먹고 있는 상황과 비슷합니다. 갑자기 벌이 날아들지, 나비가 날아들지, 아니면 파리가 날아들지 우리는 알 수 없지요. 그것들이 왜 나타났는지도 알 수 없습니다. 원치 않으면 자리를 피하거나 그것들을 쫓아 버릴 수도 있죠. 하지만 그 어떤 경우에도 그들의 존재 자체를 없애 버릴 수는 없습니다.

다른 사람들의 평가나 뜬소문 역시 이와 같아서 완전히 없애 버리는 것은 불가능합니다. 사람이 모이는 곳이면 어디든 이런 일들이 생기기 마련이지요. 만약 우리가 만남 자체를 줄인다면, 골치 아픈 일도 자연히 줄어들 것입니다. 하지만 어쩔 수 없이 사람들 사이에서 일하거나 소통해야 한다면, 나만의 대처 원칙을 세우고 회복 탄력성을 키우는 것이 중요합니다. 그래야 예측 불가능한 변화 앞에서도 자신감과 용기, 너그러운 마음을 지켜 낼 수 있습니다. 또한 내면을 안전하게 지키는 보루인 심리적 안정감을 훼손하지 않으면서 나의 목표를 향해 나아가게 될 것입니다.

안정감 습득을 위해 이번 단계에서 시도해 볼 과제는 다음과 같습니다.

- '통제할 수 있는 것'과 '통제할 수 없는 것'을 명확히 구분해 봅니다. 만일 이성적으로는 통제할 수 없다는 것(예를 들어 타인의 감정)을 분명히 알면서도 통제하고 싶은 마음을 억제할 수 없

다면, 혹시 내 안의 불안감 때문에 강박적인 생각에 빠진 건 아닌지 살펴볼 필요가 있습니다. 또한 그것이 어린 시절 가까운 어른의 감정으로 인해 크게 겁먹었던 경험에서 비롯된 것은 아닌지 돌아보세요.

지금의 나는 더 이상 어른에게 전적으로 의지해야 했던 어린아이가 아니므로 어른의 기분 때문에 나쁜 영향을 받을까 봐 두려워할 필요가 없습니다. 지금의 나는 '상대방의 감정은 그 사람의 느낌이자 몫'으로 인식하고 내버려 둘 수 있습니다. 설령 상대방이 감정을 드러내도 나는 여전히 내 할 일을 하고, 중요한 계획들을 실행해 나가면 됩니다. 내가 통제할 수 없는 부분에 대해서는 마음속으로 '긴장을 풀자, 내려놓자, 통제하려 하지 말자'라고 되뇌는 연습을 해 보세요. 불안감에 지배당해 자동으로 작동하는 신경 회로를 멈추는 것입니다.

- 다른 사람의 행동 역시 우리가 간섭하거나 통제할 수 없는 영역입니다. 이는 개인에게 부여된 신체의 자유라는 권리를 침해하는 것이지요. 만약 간섭하거나 통제하고 싶은 마음이 든다면, 이는 우리 내면의 불안감에서 비롯된 두려움 때문일 가능성이 높습니다. 혹시 안 좋은 일이 일어날까 봐, 상대의 행동으

로 피해를 볼까 봐, 또는 상대가 책임지지 못할 일을 저질러서 내게 책임을 떠넘길까 봐 걱정이 되는 것이죠.

이처럼 끝없는 상상, 특히 상대방을 무능력하고 무책임하며 사고를 칠 것이라 단정하고 평가해 버리면, 불안이 더 쉽게 유발되어서 상대를 반드시 통제해야 한다는 생각에 사로잡힙니다. 절대로 상대가 자기 뜻대로 행동하도록 두지 않고, 나의 생각을 강요하게 되지요. 나의 넘치는 불안감을 다스리지 않으면, 내 기준에 문제가 있어 보이는 사람이나 차마 두고 볼 수 없는 사람이 나타날 때마다 필사적으로 간섭하고 통제하려 들게 됩니다. 그 결과, 책임의 영역이 불분명해지고, 더 나아가 다른 사람이 반드시 나의 기대대로 움직여야만 직성이 풀리는 강박적인 성향이 강화될 수 있습니다.

따라서 통제하려는 마음을 내려놓는 연습이 필요합니다. 동시에 나와 타인 사이의 경계를 설정해야 합니다. 타인의 책임과 자유는 어디까지인지, 내가 통제하고 결정할 수 있는 범위는 어디까지인지 확실히 하는 거지요. 겹치는 부분이 있다면, 의견을 나누고 양쪽 모두가 동의하는 해결책을 찾아봅니다. 하지만 너무 많은 것이 얽혀 있어 대화를 나눠도 합의에 이르지 못할 상황이라면, 각자 자신의 마지노선을 표현해 명확하게 선을 긋는 것이 필요합니다.

통제하려는 마음을 내려놓을수록 마음은 더욱 자유로워집니다. 그리고 통제하는 일이 줄어든다는 것은 이제 더 이상 '통제'를 통해 안정감을 느낄 필요가 없게 되었다는 의미이기도 하죠. 사실 진정한 안정감이란, 침착하고 여유로운 마음이자 변화에 슬기롭게 대처하는 힘, 그리고 변화 속에서도 흔들리지 않는 유연하면서도 단단한 마음입니다. 안정감은 결코 '통제'를 통해 얻어지지 않습니다. 이는 우리의 오해일 뿐입니다.

내가 표현하고자 했던 것들이
이후에 어떤 모양으로 발전할지
파악하거나 통제하는 일은 불가능합니다.
어떤 말은 돌이 바다에 가라앉듯
조용히 묻혀 버릴 수도 있고,
또 어떤 말은 허리케인처럼
엄청난 파장을 일으키며
내 삶을 뒤흔들어 놓을 수도 있지요.

7단계: 과거의 상처 의연하게 마주하기

우리는 과거에 트라우마나 여러 가지 상처를 겪으면서 당시에는 내가 정확히 어떤 경험을 하고 있으며 어떻게 감당해 냈는지, 또 그 상처들이 내 마음 깊은 곳에 어떻게 자리 잡고 있는지 명확하게 인식하지 못한 채 지나간 경우가 많습니다. 이렇게 트라우마를 거친 부정적인 감정은 빠져나갈 출구를 찾지 못해 잔뜩 쌓이기 시작합니다. 폐쇄되고 억눌린 상태로 끝없이 쌓이면서 점점 내면에 독소를 만들고 통제할 수 없는 에너지로 변하지요. 일부러 아무렇지 않은 척해 보지만, 이는 오히려 내면의 트라우마 치유를 가로막는 원인이 됩니다. 나의 오랜 트라우마가 성장을 방해하기 시작하지요. 그 결과, 언제나 나를 상처 입은 연약한 자아로 바라보게 되고, 또다시 상처받거나 피해를 입을까 봐 두려워하게 됩니다.

나에 대한 오해는 이렇게 시작됩니다. 세상은 계속 돌아가고 하루가 다르게 변하는데, 내 마음의 상처는 치유되고 전환될 기회도 없이 계속해서 곪아 문드러지며 나의 내면을 무너져 내리게 만들지요. 자신을 미워하고, 타인을 적대시하며, 이 세상을 증오하게 됩니다.

정서적 트라우마는 우리의 삶을 조각내고, 나 자신을 산산이 흩어지게 만들어 온전한 자아로 통합되지 못하게 막습니다. 그뿐만 아니라 평생에 걸쳐 만나게 되는 모든 관계에까지 영향을 미칩니다. 통제 불능처럼 보이는 파괴적인 행동들 역시 과거의 트라우마가 치유되지 않은 채 잘못된 방식으로 발현된 거지요.

지속적으로 자신을 해치는 것도, 남을 해치는 것도 건강한 사람이라면 하지 않을 행동입니다. 하지만 이 세상에는 너무나 많은 상처가 존재하고, 이 상처가 세대를 거쳐 전달되는 상황이 여전히 벌어지고 있습니다. 이러한 현실을 제대로 인식하고 이해해야만, 우리는 비로소 상처의 악순환에서 벗어나는 방법을 찾을 수 있습니다. 오직 의식적으로 깨어 있는 사람만이 심연처럼 깊고 무의식적인 상처의 대물림에서 벗어날 수 있으니까요.

더 이상 상처를 반복하지 않고, 무의식적으로 다음 희생양을 찾는 일을 멈추기 위해서는, 인간의 어두운 면과 그로 인해 생긴 트라우마를 제대로 마주 볼 수 있는 용기가 필요합니다. 마치 의사가 차마 보기 힘든 끔찍한 상처도 들여다봐야 하는 것처럼 말입니다. 만약 여전히 과거의 트라우마에 갇혀서 두려움에 떨며 살아간다면 어떻게 될까요? 과거와 유사한 트라우마를 또다시 겪을까 봐 걱정만 하고 있다면요? 고도로 민감한 불안 반응의 레이더를 계속 켜 둘 수밖에 없을 것입니다.

그러나 화살에 놀란 새처럼 늘 겁먹고 경계하는 상태에서는 자유롭게 날아오를 수 없습니다. 새장의 문이 활짝 열리고, 그동안 나를 놀라게 하던 것이 이제는 존재하지 않음에도, 세상은 드넓으며 편안히 쉴 수 있는 곳이 존재한다는 사실을 믿지 못합니다. 어려움을 감수할 용기도, 믿어 보고자 하는 의지조차 품을 수 없게 되지요. 그렇게 과거에 겪었던 트라우마가 계속해서 마음을 붙잡고 자유를 빼앗으면서 결국에는 '내 인생은 상처뿐'이라고 믿으며 삶의 또 다른 가능성을 보지 못하게 됩니다.

트라우마가 존재한다는 사실을 담담하게 받아들이고, 그것을 나의 실패나 수치스러운 경험으로 여기는 대신 삶의 과정 중 하나로 바라보아야 합니다(물론 누구도 반기지 않는 경험이라는 것을 잘 압니다). 또한 트라우마 때문에 자신에게 쏟아 왔던 원망, 비난, 증오를 멈추어야 합니다. 그래야만 마음속의 상처가 서서히 녹아내리고, 트라우마의 경험이 새롭게 해석되고 정의되어 우리 삶에 자리할 수 있습니다.

트라우마를 새로운 시각으로 바라보세요. 그 상처가 생겨난 데에는 아주 복잡한 요인들이 얽혀 있다는 것을 이해해야 합니다. 오로지 나의 탓으로 돌리기 전에 과거의 나의 모습을 다시 바라보는 겁니다. 그때의 나는 어려서 이해하지 못하는 것들이 많았을지도 모르고, 미숙해서 무언가를 해낼 능력이나 자원이 없었을지도 모릅니다. 이러한 것들이 상처를 만든 원인이 되었을 테지요.

과거의 트라우마를 의연하게 마주하는 용기는 상처가 존재한다는 사실을 인정하는 것에서 시작됩니다. 인정하는 것 그 자체만으로도 엄청난 용기가 발휘되지요. 상처를 제대로 직시할 수 있다면, 이는 곧 이 세상에는 어둡고 이상적이지 않은 곳도 존재한다는 사실을 인정한다는 뜻이기도 합니다. 비록 마음은 두려울지라도 상처투성이인 내 모습을 외면하지 않는 것이 바로 용기입니다.

상처투성이가 된 나를 들여다보면서 그때 자신이 얼마나 놀라고 당황했을지, 얼마나 고통스럽고 불안했을지 진심으로 느낄 수 있다면, 나아가 그 시기의 상처 입은 나와 마음으로 깊이 연결될 수 있다면, 비로소 깨닫게 될 것입니다. 그때의 나는 누군가가 곁에서 함께해 주기를, 나를 무조건 지지하고 보호해 주기를 아주 간절하게 원했다는 사실을 말입니다. 그리고 이제 그 모든 것을 그때의 연약했던 나에게 해 주고 싶어질 겁니다.

상처가 있었다는 사실을 인정해야만 나의 상처를 진심으로 바라보고 나의 고통까지도 인정할 수 있습니다. 그래야만 나의 상처가 어느 정도인지, 어떤 도움이 필요한지 알 수 있지요. 상처를 인정하지 않는 것은 상처 입은 자신을 외면하는 것이자 동시에 상처를 치유하는 데 필요한 도움과 자원마저 모두 차단해 버리는 행위입니다.

심리적 안정감을 회복하는 일은 과거에 어쩔 줄 몰라 하며 절절매던 기억 속에 갇힌 나를 구해 내는 작업입니다. 아프고 고통스러운 기억이 더 이상 나를 갉아먹거나 위협하도록 내버려 두지 않는 것입니다. 과거의 경험들은 한때 내게 일어났으나 이미 지나간 것임을 인식하고, 그때 그 시공간 속에 있도록 놓아주세요. 물론 트라우마의 영향과 후유증은 남을지도 모릅니다. 하지만 우리가 해야 할 일은 트라우마가 끊임없이 나의 몸과 마음을 괴롭히도록 두는 것이 아니라 내 마음에 튼튼한 안전 기지를 세우는 일입니다.

더 이상 지난 상처가 나를 건드리지 못하도록 막고, 진정한 치유가 시작될 수 있는 안전한 내면의 공간을 마련하는 거지요.

안정감을 습득하는 과정은 과거에 상처 입었던 나에게 도움의 손길을 내미는 것이기도 합니다. 그때의 내가 안심할 수 있도록 따뜻하게 안아 주는 것입니다. 그리고 그런 트라우마를 겪은 것은 내가 잘못해서, 내가 나빠서가 아님을 알려 주는 것입니다. 이 세상에 악의적인 사람이나 악질적인 사건들이 실제로 존재하지만, 내가 그러한 일을 당했다고 해서 그것이 곧 나의 잘못이라는 뜻은 아니니까요.

안정감을 습득하는 과정은 이처럼 악의적인 사람, 행동 등을 더 명확하게 인지하고 분별하는 방법을 다시 배우는 일이기도 합니다. 더는 모호하고 흐릿한 가치관으로 악의적인 것들을 대하는 일이 없어야 하니까요. 나는 이미 고통을 경험했고, 이를 혼자 견뎌 내는 과정과 그 이후의 아픔이 얼마나 고된지 뼈저리게 알고 있기 때문입니다. 더 이상 그런 일들을 용납하거나 타협할 수 없지요.

선과 악을 분별하는 분명한 기준이 있고, 트라우마가 우리 몸과 마음에 얼마나 커다란 영향를 끼치는지 깊이 이해하게 되면, 악의적인 일을 '어쩔 수 없는 일'로 합리화하지 않게 됩니다. 또한 진정으로 책임을 지고 죄책감을 느껴야 할 사람이 누구인지 혼동하지 않게 되지요. 즉, 이제는 타인의 잘못이나 악의적인 행동을 전부 내 탓으로 돌리지 않게 되는 것입니다.

트라우마가 초래한 어두운 그림자와 왜곡되어 버린 부정적인 사고방식을 극복하고 난 뒤에는 명확하고 새로운 신념을 세워야 합니다. 내 삶은 가치가 있다고 믿어야 합니다. 나 자신을 잘 보살피겠다는 굳건한 의지로 나를 인생에서 가장 중요한 존재로 여겨 주세요. 그리고 가장 소중한 나라는 존재가 건강하고, 행복하며, 마음 편안하게 살아가기를, 더 이상 세상의 풍파에 시달리지 않기를 기원해 줍니다.

안정감 습득을 위해 이번 단계에서 시도해 볼 과제는 다음과 같습니다.

- 나 자신을 보호소의 소장이라고 상상해 봅니다. 보호소 안에서 나는, 과거에 상처받고 온갖 고통을 겪었던 나를 돌보고 있습니다. 상처 입은 나는 몸과 마음도 아프지만, 동시에 존재감, 가치관, 신뢰감, 심리적 안정감까지 많은 것이 무너져 있는 상태입니다. 우선 상처를 치유하는 과정이 결코 쉽지 않다는 것을 이해해야 합니다. 호전과 악화를 반복할 수도 있고, 좋아지

는 듯하다가도 순식간에 다시 나빠질 수도 있습니다. 큰 병을 앓는 것과 같아서 하루아침에 완치되어 치료가 끝나는 일은 없을 것입니다.

자신의 회복 과정에 대해 지나친 낙관이나 기대를 품지 않는 것이 좋습니다. 그렇다고 해서 '뭘 해도 소용없겠지'라며 시도조차 하지 않거나 포기해야 하는 것은 아닙니다. 나를 회복하고 다시 세우는 과정을 걷고 있는 모두에게 이야기하고 싶습니다. 비록 비틀거릴지라도 멈추지 않고 조금씩 나아가고 있다면, 그 자체로 의미 있는 진전이라는 것을요.

상처가 있었다는 사실을 인정해야만
나의 상처를 진심으로 바라볼 수 있고,
그래야만 나의 상처가 어느 정도인지,
어떤 도움이 필요한지 알 수 있습니다.

8단계: 느리게 반응하고 사고하기

불안감은 위험을 감지하고 생명을 보호하여 생존의 기회를 확보한다는 면에서 생물학적인 요인을 가진 감정입니다. 그러나 삶이 온통 불안감으로만 가득 차서 매 순간 위험 신호에만 주의를 기울이고, 과도한 경계심으로 심리적 불안이 계속 유발된다면 어떻게 될까요? 장기적으로 볼 때, 우리 몸과 마음은 완전히 지쳐 버릴 겁니다. 오히려 그로 인해 병에 걸리거나 일찍 죽게 될지도 모르지요. 어떤 생물이든 단 한 순간도 편안하게 마음 놓고 안전한 상태를 느낄 수 없다면, 그것이야말로 삶을 해치는 길입니다.

인류는 안전하게 살 수 있는 환경을 만들기 위해 노력해 왔습니다. 모두가 행복하고, 건강하게, 오랫동안 잘 살 수 있도록 생존에 필요한 안전을 보장하려 노력하고 있지요. 예를 들면 식품 안전, 의약품 안전, 주거 안전, 차량 및 보행 안전, 시설 안전 등이 해당됩니다. 비록 개선해야 할 부분이 여전히 많은 게 현실이지만, 문명화된 사회는 계속해서 안전을 보장하고 모두가 평안하게 살아가며 즐겁게 일할 수 있는 환경을 만들기 위해 노력할 것입니다.

개인 역시 마찬가지입니다. 나 자신을 하나의 국가라고 생각해 보세요. 나는 이 국가를 이끄는 지도자이며 최고의 행정 권력을 갖고 있습니다. 만약 내가 이 나라의 '안전 보장' 시스템을 만든다면, 어떻게 설계하면 좋을까요? 우선순위는 어떻게 정하는 게 좋을까요?

이번에는 이렇게 상상해 봅시다. 어떤 국가의 지도자가 이도 저도 제대로 해내지 못할까 봐 걱정만 하며 지냅니다. 비난과 나쁜 평가가 겁이 나 어떠한 결정도 내리지 못합니다. 자기 자신을 지키기 위해 결정은 뒤로 미루고, 계획도 세우지 않지요. 새로운 시도를 하지 않으면, 비난받을 일 또한 없을 거라고 여기는 겁니다. 당신은 이런 지도자를 어떻게 생각하나요? 한 국가의 지도자가 아무런 결정도 내리지 않고, 어떠한 계획도 추진하지 않으며, 아무 비전도 방침도 없는 것이 과연 국가를 위한 최선일까요? 이 지도자가 중요시해야 할 것은 자신이 생각하는 안정감과 다른 사람의 평가일까요? 아니면 나라에 진짜 필요한 발전일까요?

이제 다시 나로 돌아와 봅니다. 나는 바로 '나'라는 온전한 사람(이 나라)의 지도자입니다. 나의 각 부분들이 잘 기능하고 통합될 수 있도록 관리해야 하지요. 그뿐만 아니라 외부 세계와 좋은 관계를 맺고 교류할 능력 또한 키워야 합니다. 내 안의 특성과 장점을 잘 발휘하여 나 자신에게도 이롭고, 세상에도 이바지할 수 있다면 금상첨화죠.

실현하고자 하는 목표가 분명하고, 나의 내면이 어떤 모습이기를 바라는지 잘 알고 있다면, 어떤 변화와 성장이 필요한지 예측할 수 있습니다. 그렇다면 이제는 보다 구체적으로 어떻게 해야 나의 내면에 평안하고 안정된 삶의 기반을 세울 수 있을지 하나하나 분석하고 객관적으로 평가해 볼 차례입니다.

이때는 이성의 힘이 매우 중요합니다. 하지만 여기에서 말하는 이성은 감정을 일절 배제한 초이성적인 상태를 의미하는 것이 아닙니다. 그런 방식은 오히려 감정에 대한 억압이자 자기 분열이지요. 이성적인 능력이란, 위급하거나 갈등이 심각한 상황에서도 침착함을 잃지 않는 능력입니다. 외부 환경에 바로 휘둘리지 않도록 내면에 방어망이나 충격 흡수 장치가 갖춰진 상태인 거지요. 그로 인해 순간적인 감정에 휘둘리지 않고, 심리적 여유 공간 안에서 사려 깊고 현명한 판단을 내릴 수 있는 힘을 뜻합니다. 감정적인 측면은 고려하지 않은 상태에서 내리는 결정은 '이성적인' 결정이라고 부르지 않습니다. 오히려 감정이 보내는 정보와 신호를 참고하지요.

안정감을 다시 세우는 과정에서 가장 큰 시험대에 오르게 되는 순간은 예상치 못한 사건이 닥쳤을 때입니다. 위기 상황을 다뤄 본 경험이 얼마나 되는지, 그리고 현재 상황을 판단하고 문제를 객관적으로 분석할 수 있는 능력이 얼마나 있는지가 중요해지죠. 이때도 이성의 도움이 필요합니다. 감정이 보내는 경고 신호만으로는 '상황이 발생했다'라거나 '문제가 생겼다' 정도만 알 수 있을 뿐, 어떻게 행동하고 처리해야 할지 알 수가 없습니다.

이는 큰 지진이 일어난 상황과 비슷합니다. 재난 경보가 울리면, 우리는 즉시 정신을 바짝 차리게 되지요. 당황하고 초조해지기도 합니다. 그러나 이 순간, 어떻게 움직여야 하는지 알 수 있는 것은 평소에 받았던 교육과 훈련 덕분입니다. 필요한 정보와 판단 기준을 이미 갖추고 있기에 신속하고 빠른 결정을 내릴 수 있게 되는 거지요.

안정감을 습득하는 과정은 결국 상황 분석과 문제 해결, 구체적인 실행 방법을 다시 배우는 과정입니다. 마치 달인이 하나의 기술을 연마하는 것과 같지요. 반복적인 훈련이 필요하고, 실패하더라도 멈추지 않고 계속 수정해야 합니다. 온전하게 자신의 것이 될 때까지, 자신의 일부로 내면화되어 자연스럽게 나올 수준에 이를 때까지 연습해야 합니다. 그래야 비로소 최고의 경지에 이를 수 있으니까요.

이번 단계에서는 빠른 사고와 느린 사고를 구별하고 의식적으로 느린 사고를 연습하기를 권합니다. 빠른 사고란, 삶의 경험이 쌓이면서 자동화된 반응을 말합니다. 우리의 몸과 마음, 인지와 감정에 즉각적으로 반사 반응을 일으키지요. 매우 예민하나 무척이나 감정적이기도 해서 오판을 내리기 쉽고, 각종 인지 편향을 일으키기도 합니다. 이는 우리 마음의 시스템①에 해당합니다. 시스템①의 민감도 덕분에 우리는 위험이나 문제 상황을 빠르게 감지할 수 있지만, 후천적인 훈련을 통해 만들어지는 시스템②인 느린 사고를 길러야 할 필요가 있습니다.

시스템②의 특성은 느리다는 것입니다. 복잡한 계산이나 예측, 평가처럼 주의력을 동원해야 하는 비교적 힘든 정신 활동(우리 뇌가 원래는 좋아하지 않는 활동)에 적합하지요. 시스템②의 작동은 보통 '선택'과 관련이 있으며, 집중력 문제와도 연결됩니다. 간혹 집중해서 생각하기 어려워하는 사람들은 빠른 사고를 선호하는 경향이 있는데, 사실 이것은 진짜 생각이 아니라 습관이나 자동 반응으로 사고 과정을 단순화시켜 버리는 것에 가깝습니다.

안정감을 판단하는 상황에서도 대부분 비슷합니다. 빠른 사고 시스템(어림짐작)에 의존해 반응하고 비이성적인 판단을 내리지요. 자신의 감정에 휘둘려 혼란과 감정적인 동요가 일어나면, 당장의 불편함을 피하려고 성급한 결정을 내리게 됩니다. 그러나 실제로는 손실을 막기는커녕 오히려 더 심각한 손실을 초래하기도 하지요. 가령, 사기 집단에 넘어가 거짓 정보에 조종당하는 피해자들이 바로 시스템①에 사로잡혀서 시스템②를 작동시키지 못한 경우입니다.

시스템②가 원활하게 작동하도록 하려면, 자주 연습하고 많이 활용해 보는 것이 핵심입니다. 우리가 AI를 훈련시키는 것처럼요. AI를 더 유용하게 활용하려면, 자주 사용해서 더 많은 질문에 답하도록 해야 합니다. 그렇게 반복하다 보면, 문제를 이해하고 답하는 데에 있어 더 적합한 방법을 학습하게 되지요.

시스템②는 태어날 때부터 가진 능력이 아니라 후천적으로 배우고 익혀야 하는 능력입니다. 선천적으로 타고난 것은 진화 과정에서 필요했던 생존 본능이자 감정적인 반응에 속하는 것으로, 인지적인 사고 능력과는 다르지요. 따라서 시스템②를 작동시키고 연습하기 위해서 가장 먼저 해야 할 일은 '천천히' 그리고 '차분하게' 반응하는 연습입니다. 발등에 불이 떨어진 것처럼 성급하게 반응하지 않는 것입니다.

마음이 조급해질 때는 천천히 해도 괜찮다고, 생각할 시간을 가져도 좋다고 자신에게 말해 주세요. 기다리지 못하고 서두르는 사람은 대부분 자기 내면의 불안감과 초조함에 휘둘리며, 이는 곧 시스템①의 작동으로 이어집니다. 문제가 생겼을 때 즉시 해결하지 않으면 위험하다고 느끼기 때문에 차분히 상황을 분별하고 파악한 뒤에 판단을 내릴 수가 없지요.

시스템①에 익숙한 사람일수록 안정감을 습득하기가 어렵습니다. 머릿속에서 끊임없이 '빨리! 빨리! 빨리!'를 외치는데, 심리적인 여유가 생길 수 있을까요?

그렇다고 해서 시스템①의 기능을 아예 없애자는 뜻은 아닙니다. 시스템①은 처음부터 가지고 태어난 것이라 제거가 불가능하지요. 그보다는 기존 시스템을 업그레이드하여 시스템②의 고차

원적인 기능을 발휘하도록 만들어야 합니다.

느린 사고는 객관성과 데이터, 실제 통계를 중요하게 여깁니다. 만약 '우산 없이 나가자니 찝찝해. 분명 비가 올 것 같아'라는 느낌만으로 불안해져서 일기 예보와 상관없이 강박적으로 우산을 챙긴다면, 이는 시스템①이 작동된 것입니다. 우산 없이 외출했던 어느 날, 우산을 가져다줄 사람이 없어 비를 쫄딱 맞으며 비참함, 상실감을 느꼈던 기억이 있기 때문일지도 모릅니다. 또다시 비슷한 감정을 경험하고 싶지 않은 거지요. 그래서 우산을 챙기지 않으면, 그 즉시 불편함과 불안감을 일으키면서 무조건 우산을 챙기도록 만듭니다.

겉으로는 안정감을 얻기 위한 행동처럼 보이지만, 사실은 상실감(자신의 존재 가치와 자존감이 손상되는 느낌)을 경험하는 것에 대한 두려움이 깔려 있는 것입니다. 이 두려움에서 벗어나 이성적인 판단과 선택을 하려면, 마음을 가라앉히고 시스템②를 제대로 작동시켜야 합니다. 과거의 경험과 기억 속에서 자신이 억누르고 숨겨 왔던 감정은 무엇인지, 또다시 겪게 될까 봐 걱정되고 두려운 마음에 늘 회피하고 인정하지 않았던 감정은 무엇인지 천천히, 그리고 깊이 생각해 봐야 합니다.

앞서 일곱 번째 단계에서 정서적 트라우마 속의 나를 인정하고 위로해 주어야 한다고 언급한 바 있습니다. 덧붙여 시스템②의 작동을 위해서는 상황을 되돌아보며, 다음과 같은 질문을 스스로에게 던져 보아야 합니다. 내가 우산을 챙겼던 날 중에서 실제로 비를 만난 건 몇 번이었을까?, 외출 후 정말 비가 내려서 우산을 챙기길 다행이라고 생각한 건 또 몇 번이나 될까?, 현재 날씨나 사회적 상황을 고려해 볼 때 우산을 안 챙겼다는 이유로 역경에 처하거나 무력한 상태에 빠질 확률은 얼마나 될까?, 우산이 없어도 비를 맞지 않을 방법은 없을까?

객관적인 판단을 하려면, 감정에 즉각적으로 휘둘리지 않도록 속도를 늦추고 멈추는 것 외에도 객관적이고 이성적이며 논리적인 사고를 하는 데 도움이 되는 질문을 던질 수 있어야 합니다. 또한 섣부르게 판단하지 않으려면, 과거에 알고 있던 것으로 현재를 설명하려고 하거나 현재의 알 수 없는 상황을 과거와 똑같이 취급하며 같은 방식으로 해결하려는 습관 또한 버려야 합니다.

과거의 경험은 우리에게 '이미 아는 것'을 일부 만들어 주었지만, 사실 현재는 '미지(未知)의 것'을 품고 있으며, 미래는 '더 많은 미지의 것'으로 가득합니다. 미지의 것을 마주하는 올바른 태도는 이미 아는 것을 가지고 습관적으로 해석하려는 것이 아니라 새로운 방법으로 분석해 가는 것입니다. 그래야만 반복적으로 인지 편향에 빠지거나 과거의 경험에 갇히지 않을 수 있습니다.

마음이 조급해질 때는
천천히 해도 괜찮다고,
생각할 시간을 가져도 좋다고
자신에게 말해 주세요.

9단계: 본보기가 될 롤모델 찾기

혹시 내 주변이 늘 초조해하고 불안해하는 사람들로 가득 차 있지 않나요? 그들은 부모이거나 배우자, 친구, 혹은 나에게 중요한 의미를 가진 사람일 수 있습니다. 내 주위에 늘 불안해하는 사람들이 존재해 왔다면, 특히 원가족 안에 이런 사람이 있었다면, 일상에서 매일 보고 듣고 경험한 불안과 초조의 감정이 알게 모르게 자신에게도 흡수되었을 가능성이 큽니다. 어릴 때부터 영향을 받으며 자란 탓에 '원래 인생이란 불안해하고 초조해하며 늘 긴장한 채 살아가는 것'이라고, 그것이 자연스러운 반응이라고 믿게 되지요. 반대로 안정되고, 차분하며, 태연한 태도가 어떤 것인지는 전혀 알지 못합니다.

안정감의 재구축이나 애착 관계의 회복에 대해 많은 사람들이 다음과 같은 어려움을 토로하곤 합니다. "저는 안정적인 애착 관계가 어떤 건지 본 적이 없어요. 안정감을 가진 사람이 배우자와 어떻게 대화하며 지내는지도 본 적이 없고요. 안정감을 가진 사람이 어떻게 행동하고 어떤 태도로 살아가는지 전혀 모르는데, 도대체 어떻게 해야 할까요?"

이 세상에 안정감 있는 사람은 애초에 존재하지 않는다고 부정하는 이들도 있습니다. 자신의 경험을 돌아볼 때, 안정감을 가진 사람이나 안정감 있는 애착 관계를 맺고 꾸려 나가는 사람을 만나 본 적이 없으니까요. 그들은 아마 이렇게 이야기할지도 모릅니다. "이 세상에 그런 사람은 없습니다. 사람이라면 남을 괴롭히고, 억누르고, 모욕하기도 합니다. 사람이 할 수 있는 나쁜 행동은 셀 수 없이 많아요." 과거에 많은 고통과 상처를 입었기 때문에 이러한 인식을 갖게 된 것은 이해할 수 있습니다. 그러나 이것 역시 일부만으로 전체를 판단하는 일종의 인지 편향입니다.

우리 사회의 대다수가 비슷한 생각을 하고 있을 겁니다. '어른이 되어 스스로의 노력으로 안정감 있는 사람이 되는 것은 너무 어려운 일'이라고 말이죠. 새로운 능력이나 기술처럼 무언가를 배우는 과정에는 롤모델이 필요합니다. '이런 사람이 실제로 존재하는구나!', '나도 저렇게 될 수 있겠구나!' 하는 자신감과 희망을 주기 때문이지요.

우리는 세 가지 경로를 통해 롤모델을 찾아볼 겁니다. 안정감 있는 행동이나 생각을 보여 주는 사람, 또는 대인 관계 속에서 편안하고 안정된 느낌을 주는 사람이라면 적합합니다. 완벽한 사람을 찾는 것이 아니므로 지나치게 이상화해서 생각할 필요는 없습니다. 사실 진정한 안정감을 가진 사람은 대체로 자신의 장점과 약점, 밝은 면과 어두운 면을 모두 인식하고 이해할 줄 아는 사람입니다. 그렇기에 자신이 성장해 온 모습을 있는 그대로 받아들임으로써 자연스럽게 자신을 표현하지요. 만약 억지로 밝은 면만 보여 주려 하거나 의도적으로 자신감 있는 모습만 드러내려 한다면, 롤모델로 적합하지 않을 수 있습니다.

안정감 습득을 위한 롤모델을 선택할 때는 시스템②의 느린 사고를 작동시켜야 합니다. 충분한 관찰과 증거를 통해 신중하게 사람을 찾아야 하지요. 단순한 팬심이나 투사적인 상상만으로 선택해서는 안 되며, 자신만의 기대 설정으로 선택하는 일은 더더욱 경계해야 합니다. 이는 모두 현실을 왜곡할 수도 있고, 첫인상이 좋다는 이유로 모든 면이 뛰어날 거라고 착각하는 후광 효과에 빠질 가능성도 있습니다.

　1장에서 소개했던 안정감 자가 진단 문항을 떠올려 보면, 안정감의 주요 지표들을 알 수 있습니다. 비슷한 예로는 '자신의 의견을 말할 수 있는가?', '확고한 삶의 목표가 있는가?', '다른 사람과 의견이 다를 때도 침착하게 대처할 수 있는가?', '지나치게 자신을 억누르거나 깎아내리지 않는가?', '남을 함부로 통제하거나 신경질적으로 꾸짖지 않는가?' 등이 있지요. 또한 안정감이 있으면, 사람과 일을 대할 때도 안정된 태도를 보이고 감정적으로도 평온합니다. 어떠한 상황이나 자신의 경계를 다루는 방식 또한 일관성 있어서 애매한 태도를 보이거나 변덕스럽게 굴지 않습니다. 이처럼 안정감 있는 사람이 곁에 있으면 마음이 놓이고 안전하다는 느낌을 받습니다. 어떻게 보여야 할지 눈치를 보거나 일부러 비위를 맞추지 않아도 되지요.

　롤모델을 찾을 때, 부정적인 평가나 일체의 논란 없이 완벽한 사람이어야 한다는 생각을 버려야 합니다. 이는 너무나 가혹한 기준이지요. 동시에 여전히 자신의 불안감이 작용하고 있다는 뜻이기도 합니다. 그 사람을 선택한 것을 후회하게 될까 봐 걱정하는 마음이니까요.

롤모델을 찾는 진짜 이유가 무엇인지 명확히 이해해야 합니다. 안정감 있는 사람은 어떻게 살아가는지, 관계 속에서 어떻게 처신하고 자립하는지, 직장에서는 사람들과 어떻게 소통하고 협력하며 지내는지 관찰하고 배우기 위해서지요. 그렇다고 그대로 모방할 필요는 없습니다. 그저 그 사람 안에 흐르는 안정된 힘과 차분한 태도, 자연스럽고 품위 있는 사람됨 같은 것을 느끼고 관찰하는 것만으로도 커다란 배움이 되니까요.

우리의 목적은 어떻게 행동하고 표현해야 심리적으로 안정감 있는 사람이 될 수 있는지 그들을 관찰하고, 느끼고, 깨닫는 것입니다. 누군가를 우상처럼 숭배하고 추종하기 위해서가 아님을 기억해야 합니다. 롤모델을 찾는 세 가지 경로는 다음을 참고하면 좋습니다.

주변에서 찾아보세요.

최근 자주 만났던 가족이나 친구, 그리고 직장 동료도 좋습니다. '이런 게 안정감 있는 모습이구나!' 혹은 '저 사람 옆에 있으니 마음이 편안하다'라고 느끼게 한 행동이나 태도를 보인 사람이 있었는지 잘 살펴보세요. 어쩌면 자주 만나거나 늘 마주치는 사람이 아닐 수도 있습니다. 그렇더라도 위와 같은 느낌을 받았다면, 롤모델로 삼을 수 있습니다.

사회에서 만나는 사람들 중에서 찾아보세요.

예를 들면, 가끔 만나는 전문가, 상점 주인 혹은 사회 활동을 통해 만나는 사람들 중에서 나를 안심시키고 믿음을 주는 사람이 있는지 찾아보는 겁니다. 그 사람이 자신만의 경계선을 어떻게 세우는지 잘 살펴보세요. 다른 사람을 난처하게 만들거나 부담스럽게 하지 않으면서도 동시에 지나치게 거리를 두거나 차갑게 굴지도 않아서, 결과적으로 편안함과 안정감을 느끼게 하는 그 사람만의 방식을 배우는 겁니다.

유명한 인물 중에서 찾아보세요.

다만, 이 방법은 현실감이 다소 떨어집니다. 왜냐하면 우리가 직접 만날 수 있는 사람이 아니기 때문에 결국 미디어에 비친 모습을 통해서만 알 수 있고, 여기에는 우리의 일방적인 생각과 평가가 개입될 수밖에 없기 때문입니다. 하지만 그럼에도 참고해 볼 가치는 충분합니다. 그 사람이 보여 주는 안정적인 행동이나 어려움에 부딪혔을 때 이를 처리하는 태도나 해결 방식 등을 관찰하면서 그 사람이 어떻게 자신의 마음을 안정시키고 어려움을 극복하며 해결해 나가는지 배울 수 있습니다.

기본적으로 안정감이 손상된 사람은 불안이 드러나는 상황, 예를 들어 다른 사람이 불안해하거나 조급해하거나 누군가를 다그치거나 혹은 통제하려는 모습을 보일 때, 이를 매우 민감하게 알아차립니다. 그리고 즉시 상대방에게 휘말리고 끌려가면서 빠르게 통제력을 잃고 덩달아 걱정과 불안에 휩싸이죠. 따라서 불안감이 심한 사람을 식별하는 일은 그다지 어렵지 않습니다. 반대로 안정감 있는 사람을 알아보는 일에는 신중한 관찰과 판단이 필요합니다. 신뢰하고 의지할 만한 사람이 어떤 느낌을 주는지 대략적으로나마 알고 있다면 그렇게 어렵지만은 않을 겁니다. 내면이 불안감으로 꽉 차서 누가 믿을 만한 사람인지 분별할 수 없고, 이 세상에 믿을 것은 아무것도 없다고 단정해 버리는 경우를 제외하면, 대부분은 안정감 있는 사람을 알아볼 수 있을 것입니다.

누군가가 시범을 보여 주면, 우리는 더 쉽게 배울 수 있습니다. 안정감 있는 사람이 어떻게 이 세상을 살아가고, 어떻게 사람들과 어울리며 우호적인 관계를 맺어 가는지 보지 않고, 오로지 상상만으로 안정감을 이해하고 만들어 가려고 하는 것은 자신이 보고 싶은 것만 보는 것과 같지요.

앞서 이야기했듯 안정감의 형성에는 가정 자본, 경제 자본, 사회 자본, 심리적 자본이 영향을 미칩니다. 만약 가정의 지원이 부족하고 경제적 여유도 없는 데다 사회적인 자원이나 관계 역시 취약해 곤란을 겪고 있다면, 게다가 심리적으로도 매우 지친 상태라면 어떨까요? 그런 사람에게 회복 탄력성을 발휘하라고 하는 것은 오히려 남아 있는 회복 탄력성마저 소진시켜 완전히 녹초로 만들어 버릴 수 있습니다.

안정감을 가진 사람은 가정 자본, 경제 자본, 사회 자본, 심리적 자본을 보다 잘 만들어 갈 가능성이 높습니다. 그러나 반드시 모든 조건이 갖춰져야만 안정감을 세울 수 있는 것은 아닙니다. 왜냐하면 안정감이 부족한 사람은 애초에 좋은 관계를 만들고 자본을 모으기가 어렵기 때문에, '안정감을 얻을 수 있는 모든 조건을 갖춰야만 비로소 안정감을 가질 수 있다'라는 생각은 본질적으로 모순된 주장입니다.

이처럼 모순적이고 역설적인 논점에 대해 우리는 조금 더 깊이 들여다볼 필요가 있습니다. 안정감과 생존에 필요한 자본 사이에서 과연 안정감이 먼저일까요? 아니면 생존에 필요한 자본이 먼저

일까요?

저 역시 어릴 때부터 온갖 위협과 폭력, 불안으로 가득한 환경에서 자랐습니다. 성장 과정 내내 나의 불안감이 나의 행동 양식과 인생의 선택들에 어떤 영향을 미치는지 경험해 왔지요. 한때는 무의식적으로 불안감에 휘둘려 과거의 아픈 관계를 반복하기도 하고, 어린 시절의 수많은 정서적 트라우마를 재연하기도 했습니다.

이렇게 조건화된 틀을 바꾸는 것은 지극히 어려운 일이지만, 저는 여전히 그것을 깨뜨리고 넘어서기 위해 노력하고 있습니다. 제게는 새로운 삶을 맞이할 힘과 새로운 내면 시스템을 만들어 갈 힘이 있다고 믿으니까요. 물론 여전히 이리저리 비틀대거나 나아갔다 물러서기를 반복하기도 하고, 때로는 외부의 사소한 일에 놀라기도 합니다. 하지만 안정감을 습득하는 길을 걷는 동안 두려움 없는 관계란 어떤 것인지, 존중과 축복이 있는 관계란 어떤 것인지, 서로를 지지해 주고 자양분을 주는 관계란 어떤 것인지 경험하게 해 준 많은 사람들을 만났습니다. 그중에서도 더욱 감사한 이는 30년 넘게 알고 지낸 친구입니다. 비록 각자 다른 궤도 위에서 살아가고 있지만, 바쁜 와중에도 만나면 속마음을 터놓을 수 있고, 또 함께 있으면 편안하게 이야기 나눌 수 있는 우정을 유지하고 있지요. 서로의 성장 경험을 나누기도 합니다. 만약 우리 두 사람이 서로에게 안정감과 신뢰감, 편안함을 불어넣어 주지 않았더라면, 이처럼 서로에게 자양분이 되고 성장을 돕는 관계는 지속되기 어려웠을 겁니다.

안정감을 배우는 데 도움이 될 사람은 많지 않아도 괜찮습니다. 양보다 중요한 것은 관계의 질이니까요. 살면서 단 몇 명이라도 내가 편안하게 나 자신을 드러낼 수 있도록 존중하고 받아들여 준다면, 이는 단순한 행운이 아니라 진정한 행복입니다. 더 나아가 그 사람과의 관계는 안정감을 회복하는 과정에서 아주 중요하고 귀한 경험이 될 것입니다.

진정한 안정감을 가진 사람은
대체로 자신의 장점과 약점, 밝은 면과 어두운 면을
모두 인식하고 이해할 줄 아는 사람입니다.
그렇기에 자신이 성장해 온 모습을
있는 그대로 받아들임으로써
자연스럽게 자신을 표현하지요.

10단계: 나 자신을 인정하는 'I AM'의 힘 믿기

우리의 '자아'는 세 단계를 거치며 성장합니다. 첫 번째 단계는 자아가 이제 막 싹터서 매우 작고 힘이 약한 상태입니다. 다른 사람의 도움과 관심을 끊임없이 갈망하고, 자신에 대한 믿음이 없어 늘 두렵고 불안하지요. 다른 사람이 자신을 떠나거나 버리지 못하도록 스스로 성장할 기회를 없애 버리기도 합니다. 자아를 포기할지언정 관계를 잃고 싶지 않은 마음인 거지요.

  두 번째 단계는 앞선 단계에서 기대와 실망을 오가며 겪다가 극심한 생존의 불안이 덮쳐 올 때 시작됩니다. 이제야 비로소 이 세상을 살아가려면 나의 힘으로 자신을 지켜야 한다는 것을, 그렇지 않으면 자주적인 권리도 갖지 못한 채 타인에게 함부로 짓밟히고 휘둘릴 수 있다는 것을 깨닫지요. 이것은 분명 좋은 시작이자 자기 인식의 각성이 이루어지는 순간이기도 합니다. 하지만 이전 단계에서 거친 파도를 겪고 난 후 마음에 두려움이 남은 상태에서 두 번째 단계로 들어섰기 때문에 외부 자극에 극도로 예민하게 반응하지요. 언제 어디서든 모든 것을 자기 자신과 연결 짓고, 타인의 행동 하나하나를 모두 자신을 억압하고 괴롭히려는 것으로 생각하기도 합니다. 따라서 이 단계에서는 경계심을 세우고 두려워하며, 모든 것을 의심하기 시작합니다. 주변에서 발생하는 사소한 일 하나에도 마음이 요동칩니다. 세상과 맞서 싸우려 하고, 동시에 자신의 힘이 부족하고 마음이 불안정한 것에 분노를 느끼기도 하지요. 이때 내면의 불안감과 초조함은 특히나 심각한 수준으로 치솟습니다.

　이러한 상황을 반복적으로 경험하고 자기 스스로 수정하는 과정을 거치고 나면, 비로소 세 번째 단계에 들어설 기회를 얻습니다. 이때는 행동도 보다 자연스러워지고 마음 또한 자유롭고 편안해지죠. 세 번째 단계에 이르렀다는 것은 '나는 나, 타인은 타인'이라는 사실을 명확히 인식하고 있다는 뜻입니다. 개인과 개인 사이의 관계가 더 이상 혼란스럽게 얽히지 않는다는 의미지요. 또한 모든 사람은 각자 가치관을 선택하며 살아갈 수 있다는 것을 드디어 분명하게 인식합니다. 다른 사람에게 전적으로 의존해야 할 필요도, 모든 사람을 만족시켜야 할 필요도 없다는 사실 또한 알고 있습니다. 마음이 편안하고 떳떳하며, 감정에 휘둘리지 않고 자신의 마음을 잘 다스립니다. 결국 나를 구원할 수 있는 것은 나 자신뿐이라는 것을 잘 알고 있기 때문에 더 이상 누군가가 자신을 구원해 주기를 바라지 않지요.

이 단계에서는 더 이상 주변의 모든 일을 자신과 연결 짓지 않습니다. 주관적인 의견과 감정만으로 반응하지도 않고, 다른 사람의 일을 자기 일로 쉽게 떠안지도 않습니다. 문제의 원인이 누구에게 있는지 구분하지 못하거나 누군가를 끊임없이 구해 주려 애쓰지도 않으며, 누군가가 나의 존재 가치를 증명해 주길 바라면서 노심초사하지 않습니다. 한발 더 나아가, 상대방이 객관적이지 못하고 편견에 가득 찬 행동이나 관점을 보여도 감정의 진흙탕에 빠지는 일이 거의 없습니다. 타인의 생각은 오로지 그 사람의 것이며, 더구나 그 사람의 오만하고 제멋대로인 대우와 평가가 나의 가치는 무관하다는 것을 분명하게 볼 수 있기 때문이지요.

이 단계에서 자아는 다른 사람의 평가나 기대 속에 있지 않습니다. 나는 온전히 나 자신 안에 있습니다. 나는 내 삶의 주체로서 온전하게 숨 쉬고, 움직이고, 느끼고, 생각합니다. 나에게는 나만의 방향이 있습니다. 설령 그 길이 외롭고 곁에 아무도 없을지라도 괜찮습니다. 왜냐하면 처음부터 끝까지 진정으로 나와 함께하는 존재는 오로지 나 자신뿐이라는 사실을 알기 때문입니다. 다른 사람은 그저 또 다른 타인일 뿐입니다. 그 또한 그 자신이며, 그 사람만의 인생 과제가 있을 뿐, 그 이상도 그 이하도 아닙니다.

이 단계에서 우리는 '나는 진실한 나 자신'이며 다른 사람인 척할 수 없고, 다른 사람의 삶을 만족스럽고 순탄하게 만들어야 할 무거운 책임을 짊어질 수도 없다는 것을 경험하게 됩니다. 그리고 지금 나에게 가장 중요한 것이 무엇인지 깨닫게 되지요. 그것은 바로 나 자신의 삶으로 돌아와 'I AM(나는 ~이다)'의 힘을 체험하는 겁니다.

왜 'I AM'의 힘을 체험해야 할까요? 우리가 밖으로 보여 줄 수 있는 자아의 힘이 결국은 나 자신을 '인정'하는 데에서 나오기 때문입니다. 내가 나를 어떻게 인식하느냐에 따라 나는 그 인식에 부합하는 모습으로 살아가게 됩니다. 즉, 우리의 모든 행동과 반응은 내가 나를 어떻게 생각하고 인정하느냐에 따라 달라지죠. 만일 내가 나를 루저loser라고 생각한다면, 나는 루저에 부합하는 언행을 드러내게 됩니다. 반대로 '나는 편안하고 안정적인 사람'이라고 생각하면 그 믿음에 맞는 언행이 나오게 되지요.

  부정적인 생각이든 긍정적인 생각이든 상관없이 일단 내가 나를 그렇게 인정해 버리면, 그 생각은 일종의 에너지를 갖기 때문에 쉽게 바뀌지 않습니다. 그래서 자신을 부정적으로 생각하는 사람은 쉽게 변하기 어렵고, 자신을 긍정적으로 생각하는 사람 역시 변하기가 어렵지요. 이것이 바로 'I AM'이 가진 힘입니다.

  인식의 변화는 쉽게 찾아오지 않습니다. 그러나 단단하게 굳어 버린 나에 대한 인식을 단번에 풀어내 다른 생각으로 전환할 수 있는 열쇠를 쥔 사람이 있지요. 바로 '나 자신'입니다.

  저와 박사 과정을 함께했던 친구가 들려준 이야기를 예로 들어 보겠습니다. 친구의 아버지는 오랜 세월 담배를 피워 온 심각한 흡연자였습니다. 주위에서 아무리 설득하고 잔소리를 해도 소용이 없었지요. 그 누구도 그의 습관을 바꾸지 못했습니다. 그런데 손녀가 태어나자 그는 달라졌습니다. 손녀를 안아 주고 싶은 마음, 그리고 손녀에게 피해를 줄 수 없다는 생각이 들었던 거지요. 그는 그날로 "더 이상 담배를 피우지 않겠다. 나는 담배를 피우지 않는 할아버지다"라는 선언을 하며 실제로 담배를 완전히 끊었습니다. 그 어떤 미련이나 내적 갈등 없이 하루아침에 일어난 변화였습니다.

안정감 있는 사람이 되고 싶다면, 나 자신과 마주하며 질문을 던져야 합니다. 정말 안정감 있는 사람이 되고 싶은가요? 정말 타인과 서로 신뢰하고 소통할 수 있는 관계를 맺고 싶은가요? 정말 스스로를 자유롭고 평온하게 살아갈 수 있는 존재라고 기꺼이 믿을 수 있나요?

이제 나를 인정하는 말들을 자신에게 직접 들려 주는 연습을 해 봅니다. 나에게 말을 건네는 동안, 내 몸(각 기관)에서 어떤 반응이 일어나는지, 어떤 감정이 느껴지는지 주의 깊게 관찰해 보세요. 나를 인정하는 말들을 나 자신이 진심으로 받아들이고 있는지 느껴 보세요.

- 나는 안정감 있는 사람이다.
- 나는 살아갈 가치가 있는 사람이다.
- 나는 자유롭고 마음이 편안하다.
- 나는 내가 원하는 삶을 만들 수 있다.
- 나는 편안하고 당당하게 이 세상을 살아갈 자격이 있다.
- 어떤 일을 겪든, 일이 순조롭게 풀리든 그렇지 않든, 나는 존중받을 가

치가 있다.
- 나는 자유롭게 표현하고, 충분히 느끼며, 내 마음이 원하는 대로 결정할 수 있는 기본적인 권리가 있다.

이 문장들을 천천히 소리 내어 말하면서 내 마음과 온몸으로 전달해 봅니다. 자신이 이 말들에 동의하고 있는지 스스로 자각하는 시간을 가져 봅니다. '지금의 나'와 '새롭게 인정한 나' 사이에 거리가 있는지를 솔직한 느낌과 반응을 통해 알아차리는 것입니다. 어쩌면 안정감을 형성하는 과정에 걸림돌이 되는 부정적인 신념이 아직 내게 남아 있다는 사실을 자각하게 될 수도 있습니다.

물론 나에 대한 생각을 억지로 강요할 수는 없습니다. 그것은 나라는 사람이 겪어 온 모든 경험이 어우러져 형성된 것이자 내가 나에게 부여하는 고유한 인식이니까요. 만약 '안정감을 가진 사람'이라는 정의를 받아들이는 것이 너무 어렵게 느껴진다면, 이 또한 현재 내가 경험하고 있는 하나의 사실임을 먼저 받아들여 보세요. 대신 스스로를 가혹하게 비난하거나 몰아붙이는 일은 없어야 합니다. 그렇게 되면 안정감을 또다시 무너뜨리게 되어 안정감을 회복하는 길이 더욱 험난해질 테니까요.

자기 인식을 긍정적으로 바꾸는 것이 어렵더라도 안정감을 회복하는 과정을 포기하지 않는 나 자신을 받아들이고 위로해 주며 응원할 수 있다면, 이 또한 심리적 안정감에 자양분이 됩니다. 나 자신과의 관계 속에서 스스로와 평화롭게, 마음 놓고 안전하게, 상처 없이 살아가는 경험을 하게 될 것입니다.

상처 입은 과거를 기꺼이 회복하겠다는 의지가 있고, '심리적인 안정감을 가진 사람으로 살겠다'라는 목표가 있는 한, 반드시 변화가 찾아올 것입니다.

'나는 진실한 나 자신'이며 다른 사람인 척할 수 없고,
다른 사람의 삶을 만족스럽고 순탄하게 만들어야 할
무거운 책임을 짊어질 수도 없습니다.

맺음말

나를 아끼는 만큼 단단해지는 안정감

정서가 안정적이고 긍정적인 에너지를 가진 사람은 대체로 어린 시절에 충분한 사랑과 보살핌을 받고 자란 경우가 많습니다. 이들은 성장 과정에서 다른 사람이 자신의 기분에 따라 태도가 오락가락하거나 가까워졌다 멀어지는 걸 걱정할 필요가 없었습니다. 심지어 가장 가까운 사람이 행하는 예상치 못한 정서적 폭력이나 정신적 압박을 견뎌야 하는 일 또한 없었지요.

   이러한 관점에서 볼 때, 어린 시절 불안 속에서 자란 사람이 자신이 취급받은 대로 자신을 대하고 평가한다면, 과거에 겪은 고통이 반복될 수밖에 없습니다. 과거의 끔찍했던 상황을 재연하며 스스로를 위협하고 있기 때문이지요.

어린 시절에 조건화된 사고방식을 벗어 버리고, 과거의 폭력 혹은 감정적 상처를 자신의 일부로 동일시하면서 지나치게 내면화하는 행동을 멈출 때, 치유의 공간과 회복의 기회를 얻게 됩니다.

내가 나를 한 번 억누를 때마다, 한 번 무시할 때마다 나는 또 한 번 나 자신을 버리고, 또 한 번 나를 외면하게 됩니다. 결국 치유와 회복의 길은 아득히 멀어지게 되지요.

심리학자 카를 구스타프 융Carl Gustav Jung은 이렇게 말했습니다. "건강한 사람은 다른 사람을 괴롭히지 않는다. 대체로 고통받은 자들이 고통을 주는 자로 변한다." 만약 의식적으로든 무의식적으로든 내가 나를 여전히 괴롭히고 타인의 괴롭힘을 받아 주고 있다면, 더 나아가 건강한 행위와 그렇지 못한 행위를 구분조차 못 하고 있다면, 아직은 회복이 더 필요한 상태입니다. 이런 상태에서는 나 자신과 타인, 중요한 관계에 깊이 있는 존중과 우호적인 태도를 보이기가 어렵지요. 마음이 건강하지 못한 사람이 보일 수 있는 자연스러운 반응입니다.

저에게는 안정감 회복이 곧 사랑을 회복하는 일이기도 합니다. 사랑은 가장 커다란 힘이기 때문입니다. 이 세상의 불가능한 많은 일들이 사랑의 힘을 거치면 가능해지죠. 무언가를 지키고 싶고, 온전히 보호하고 싶은 마음에 많은 사람이 안정감의 한계를 뛰어넘어 위험을 기꺼이 감수하고 고통을 겪으면서 자신이 중요하다고 믿는 가치를 지켜 냅니다.

마찬가지로 사랑의 소중함을 믿는다면, 내 안에 있던 한계와 틀에서 벗어나 엄청난 용기와 초월적인 힘으로 전에는 상상도 하지 못했던 자기 효능감을 경험할 수 있습니다. 새롭게 개척하고 탐색해 나갈 드넓은 세상이 내 앞에 있다는 사실 또한 믿게 될 것입니다.

나 자신과 평온하게 함께할 수 있다면, 그 자체로 우리 마음은 안정감을 경험합니다. 이는 정신을 풍요롭게 채워 주는 힘이며, 물질이 가진 단편적이고 단순한 가치를 뛰어넘는 것이지요. 삶의 모든 경험에 마음을 활짝 열고 깨달아 가는 여정 속에서 무엇에도 얽매이지 않는 자유를 느낄 수 있습니다. 이러한 삶의 성취는 다른 누군가가 대신 정의해 줄 필요도, 평가해 줄 필요도 없습니다. 그저 내가 마음으로 기꺼이 받아들인다면 그것으로 충분하지요.

이 세상에 절대적으로 나쁘거나, 헛되거나, 무의미한 경험은 없습니다. 모든 경험에 대한 최종적인 의미는 나의 정의와 해석에 달려 있으니까요. 그러니 이제 새로운 가능성과 기회를 열어 보세요.

삶의 기반이 되는 심리적 안정감과 자신감을 바탕으로 삶의 이야기를 마음껏 펼쳐 보세요. 치유의 여정을 함께한 모든 분들이 원하는 삶의 모습을 스스로 그려 나가시길 기원합니다.

나 자신과 평온하게 함께할 수 있다면,
그 자체로 우리 마음은 안정감을 경험합니다.

안정감 수업

ⓒ 2025. 쑤쉬안후이

1판 1쇄 인쇄 2025년 8월 27일
1판 1쇄 발행 2025년 9월 15일

지은이 쑤쉬안후이
옮긴이 김소희

발행인 김태웅
책임편집 엄초롱
디자인 곰곰사무소
마케팅 총괄 김철영
마케팅 서재욱, 오승수
온라인 마케팅 김도연
인터넷 관리 김상규
제 작 현대순
총 무 윤선미, 안서현, 문솜이
관 리 김훈희, 이국희, 김승훈, 최국호

발행처 (주)동양북스
등 록 제2014-000055호
주 소 서울시 마포구 동교로22길 14 (04030)
구입 문의 전화 (02)337-1737 팩스 (02)334-6624
내용 문의 전화 (02)337-1739 이메일 dymg98@naver.com
인스타그램 @shelter_dybook

ISBN 979-11-7210-126-8 03180

* 이 책은 저작권법에 의해 보호받는 저작물이므로 무단 전재와 무단 복제를 금합니다.
* 잘못된 책은 구입처에서 교환해드립니다.
* (주)동양북스에서는 소중한 원고, 새로운 기획을 기다리고 있습니다.

http://www.dongyangbooks.com